NOT FOR BREAD ALONE

立业根基

跨越100年的企业经营之道

[日]
松下幸之助
|
著

怀海涛 张思萱 柯建峰
|
译

机械工业出版社
China Machine Press

图书在版编目（CIP）数据

立业根基：跨越 100 年的企业经营之道／（日）松下幸之助著；怀海涛，张思萱，柯建峰译 . —北京：机械工业出版社，2022.8

书名原文：NOT FOR BREAD ALONE

ISBN 978-7-111-71435-4

Ⅰ. ①立… Ⅱ. ①松… ②怀… ③张… ④柯… Ⅲ. ①松下幸之助（1894-1989）- 企业管理 - 经验 Ⅳ. ① F431.336

中国版本图书馆 CIP 数据核字（2022）第 151876 号

北京市版权局著作权合同登记 图字：01-2022-3932 号。

立业根基：跨越 100 年的企业经营之道

出版发行：机械工业出版社（北京市西城区百万庄大街 22 号　邮政编码：100037）

责任编辑：孔　艳

责任校对：陈　越　　刘雅娜

印　　刷：三河市国英印务有限公司

版　　次：2022 年 11 月第 1 版第 1 次印刷

开　　本：147mm×210mm　1/32

印　　张：9

书　　号：ISBN 978-7-111-71435-4

定　　价：59.00 元

客服电话：（010）88361066　68326294

CONTENTS 目 录

第二部分

总序 FOREWORD

儒家思想、日本商道与松下幸之助

在中国，历史悠久的企业被称为"百年老店"或"老字号"。根据日经 BP 在 2020 年的调查，全球百年企业有 80 066 家，其中 33 076 家是日本企业，占全球百年企业的 41%。也就是说，日本是世界上拥有百年企业最多的国家。全球拥有 200 年以上历史的企业有 2051 家，其中 1340 家是日本企业。⊖

为什么日本有这么多长寿企业？因为很多历史悠久的日本企业都有自己的"家训"和"家规"，被后继者传承和遵守。

⊖ 雨宫健人. 世界の長寿企業ランキング、創業 100 年、200 年の企業数で日本が 1 位［EB/OL］.（2020-03-18）［2022-06-06］. https://consult.nikkeibp.co.jp/shunenjigyo-labo/survey_data/I1-03/.

日本伊藤忠商事株式会社是为数不多的综合性贸易公司之一，继承了近江商人的经营理念，其核心是三方好（买方好，卖方好，社会好）。也就是说，企业不能只关注自己的利润，还要回应客户和相关方的期待，从而为社会做出贡献。

大丸松坂屋百货的"家训"是"先义后利"，茂木家族⊖的"家训"是"家人需以和为贵，切记德为本、财为末"。它们绝不做无义无德的生意。在它们看来，利润不是目的，而是企业为社会做出贡献后获得的回报。由此可见，这些百年企业的"家训"深受儒家思想的影响。

儒家思想大约在公元 5 世纪传入日本，公元 6 世纪佛教也传入日本。儒家思想被僧侣和贵族作为教养来学习，在 16 ～ 17 世纪被武士阶层作为统治思想付诸实践。

⊖　茂木家族，拥有日本著名的酱油品牌"龟甲万"。

18 世纪初，一位名叫石田梅岩^一的町人思想家，深受儒家和佛教思想的影响，开始倡导石门心学，他的弟子更是在日本各地开设心学讲舍，向平民百姓传播儒家的道德观。在明治维新前的 100 年里，日本各地共开设了 173 所心学讲舍。

大约在同一时期，大阪商人在船场^二成立了一所专门面向大阪商人的学堂——怀德堂，是商人学习儒家思想的场所。

像心学讲舍和怀德堂这样对平民百姓和商人传播儒家思想的场所，对大阪商人群体的经商之道产生了巨大影响。18 ~ 19 世纪，儒家思想作为一种普遍的道德观念渗透到日本的平民阶层。

1904 年，松下幸之助在小学四年级中途辍学，

⊖ 在日本近代化的历程中，町人阶级（城市商人）迅速发展。石田梅岩是日本江户时代的町人思想家，创立了石门心学。该学说的着眼点是处于士农工商中身份最低的商人，主张商人存在的必要性和商业赢利的正当性，也强调了商人应该"正直赢利"和"俭约齐家"。

⊜ 船场，日本地名。

到 1910 年为止的这 6 年，他在船场度过了多愁善感的少年时代。就是在这个时期，他亲身体会到以船场为代表的经商之道——关西商法。

关西商法的根本是"天道经营"，也就是顺应天道，正确经营。正确经营的思考方法有三种：奉公（遵纪守法，报效国家）、分限（安守本分，不做超越自己能力的事情）、体面（坚守信用，获得信赖）。正确经营的行为准则有三条：始末（以终为始，确定目标，定期结算）、才觉（求创意，差异化经营）、算用（做好成本管理）。这些思想在松下电器的纲领[⊖]、信条[⊜]、七精神[⊜]及组织、制度中被运用，传承至今。

日本的大实业家涩泽荣一出生于 1840 年，被称为"日本现代经济之父"。他一生参与了 500 多家公

⊖ 纲领：贯彻产业人之本分，努力改善和提高社会生活水平，以期为世界文化的发展做贡献。

⊜ 信条：进步与发展若非得益于各位职工的和睦协作，殊难实现。诸位应以至诚为旨，团结一致，致力于公司的工作。

⊜ 七精神：产业报国之精神、光明正大之精神、团结一致之精神、奋发向上之精神、礼貌谦让之精神、改革发展之精神和服务奉献之精神。

司的创建，包括引进欧美的合资公司制度和现代工业。涩泽荣一倡导道德与经济合一，他的著作《论语与算盘》在 100 多年后的今天仍然被众多商业领袖广为阅读。

受儒家和佛教思想的影响，诞生于江户时代的关西商法，通过涩泽荣一、松下幸之助和稻盛和夫等商业领袖的思考、实践与传承，今天仍然是日本企业长寿经营的思想支柱。中国的企业家们已经关注到这一现象。我们期待松下幸之助经营哲学书系能够给大家提供有益借鉴。

木元哲

松下电器（中国）有限公司前总裁

零牌顾问国际导师

中国广州

2022 年 6 月

在市场江湖和经营实践中不断攀登

"我们要坚持既定原则，但是无论这些原则多么重要，都不要通过强迫的方式推行，而要以谦逊为基础。没有谦逊的自信更接近傲慢。"松下幸之助的经营心得给今天的企业掌舵人提供了一面历史的镜子，正衣冠，知兴替，明得失，在市场江湖和经营实践中不断攀登。

被誉为"经营之神"的松下幸之助一生有四大创举：①创办松下电器，在有生之年缔造了一家世界级企业；②研究经营哲学，把经营思考上升到哲学高度，提出"遵循天地自然之理法"的经营之道；③创办PHP研究所，倡导"通过繁荣实现和平与幸福"；④创办松下政经塾，培养有远见、有能力塑造未来的政经人才。

松下幸之助不是神，他白手起家，在市场江湖和经营实践中不断攀登。松下幸之助一生经历风霜雪雨、阳光坦途，对员工、经销商、供应商和社会分享成败得失，在本书中，我们可以总结出松下幸之助的 10 条立业根基，分别是：①培养员工，悉心引导；②破除官僚，全员智慧；③独立精神，商业创新；④服务精神，赢得人心；⑤社会责任，创造精神、物质双幸福；⑥在逆境中增长，在危机中前行；⑦自信与谦逊，下雨就打伞；⑧知所进退，不过度逐利；⑨家国情怀，贡献和平；⑩平衡经营，迈向未来。

松下幸之助被认为是日本最后一代关西商人的代表，深受儒家和佛教思想的熏陶，他的经营哲学在全球流传甚广，影响深远，至今还备受推崇。企业在不同阶段会碰到不同的重大问题，面对同一个问题，不同的人有不同的答案，答案取决于当事人的思考方式，对于企业来说，更取决于掌舵人的认知。

不同阶段，企业家需要不同的认知。松下幸之助是一位不断攀登、突破认知、在实践和试错中不断接近真理的企业家。他在创业之初遇到交税的烦恼，悟到"企业是社会的公器"；身体不好，经常住院，不能经常在一线工作，为了让公司快速发展，悟到让员工"自主责任经营"，开创具有东方特色的事业部制组织模式；第二次世界大战后公司遭遇被冻结的危机，思考人类为什么有战争，萌生"通过繁荣实现和平与幸福"（PHP）的愿望，并创办 PHP 研究所，等等。在不断攀登的过程中，松下幸之助大破大立、推动改革，带领松下电器穿越经济周期和经营危机，在蜕变中持续经营、创新成长。

掌舵人的认知就是企业发展的天花板，不断攀登、突破认知，才能打破上限、向阳生长。松下幸之助之所以被誉为"经营之神"，就是因为他在企业经营的过程中，自我反省、自我革命，最终上升到

"遵循天地自然之理法"这个哲学高度,"下雨就打伞"就是这一哲学的生活化写照。

这10条立业根基是松下幸之助经营哲学的部分体现,都是大白话、大实话,娓娓道来、通俗易懂,今天读来仍觉清新隽永、触动心灵,仍然具有时代价值,一点也不过时。

松下幸之助经营哲学的卓越之处,是把企业的社会责任通过公司使命落实到员工的工作观中,赋予普通的工作以不平凡的意义,通过自主责任经营激发智慧、全员经营。松下幸之助经营哲学的伟大之处,在于把企业经营定位到"超越国家和民族界限、贡献于人类的和平与幸福"的高度。松下幸之助经营哲学的光辉之处,是上升到对宇宙的敬畏之心、遵循天地自然之理法,用大义⊖经营迈向天长地久。这3点,正是松下电器成为无国界经营(全球跨国公司)的万亿级企业和百年企业的根本。

⊖ "大义"是指关西商法的"义利观",即以义取利、先义后利、无义不利、义利合一。

改革开放 40 多年来，中国企业经历了蓬勃发展的第一阶段，在全面融入全球经济之后迎来了激荡变化的新时期，高质量经营、跨越式发展，穿越周期、穿越历史，产业报国、迈向全球，是新时代企业掌舵人担当的历史重任。正是在这样的背景下，本书给我们提供了宝贵的思想。

"企业领导人和工程师更像是临床从业者，而非学者或理论家。"经营是一门现场的学问，松下幸之助的经营哲学是人类智慧的结晶，是全球企业界的共同财富。期待本书的出版，助力新一代中国企业掌舵人在这个伟大的时代不断攀登。

怀海涛

零牌顾问总裁、技术导师

中国广州

2022 年 6 月

前言 PREFACE

　　自从我 9 岁离开家成为一个学徒，到现在已经过去 80 多年了。这些年来，我的生活一直围绕着商业，我目睹了这个世界深刻而快速的变化，也因此在商业领域积累了大量的经验。我的经历使我相信，无论这个世界多么令人迷惑和混乱，管理者总能够通过提高自己的管理技巧使自己的企业兴旺发达。当今时代是一个"动荡"或"转型"的时代，非常复杂的问题不断地困扰着商业和管理，但我相信有无数种方法可以应对这些问题。为了找到正确的方法，并抓住处理特定问题的适当时机，经营者必须牢牢掌握商业的本质和成功管理的秘诀，必须全心全意地投入工作。如果经营者真诚、认真地对待工作，就能挺过经济衰退期，并解决其他任何可能出现的困难，在艰难时期为新的增长打下基础。

毋庸置疑，企业的管理是复杂的，不管一个人工作了多少年，总有更多的东西需要学习。但是从某种程度上来说，管理也是简单的，如果你认为企业的存在是因为它对社会是必要的（因为企业满足了人们的需求），那么管理的基本原则是不言而喻的：了解人们的需求，满足人们的需求。当然，经营者必须认真地为人服务，尽全力使人满意，自从 60 多年前创立松下电器以来，我就一直把这作为自己的基本原则。

几年前，我出版了《人性的本质》（*Thoughts on Man*）一书，这本书是我早期出版的一本日文书的英文版本，阐述了我对人性本质的看法。这本书广受好评，读者表示他们有兴趣听我讲更多关于商业和管理的想法，我也为此构思了多年，这本书便是我对此的回应。这本书叙述了我从自己的经验中提炼出的有关商业和管理的方法。

　　我从早期出版的 4 本日文商业与管理著作中挑选出 71 篇文章，并进行了翻译和编辑，形成了这本书。本书分为两部分，第一部分包含 7 个主题，都是我认为成功的管理者应该掌握的正确的管理方法，它包含53 篇文章，主题涵盖了：如何培养和使用人才，这是一家公司最宝贵的资源；管理者如何体验创新的喜悦；企业与社会"共生共荣"的精神如何体现在企业的日常经营中。这些文章来自 3 本书：《商业心得帖》（1973）、《经营心得帖》（1974）和《值百万美元的管理秘诀》（*The Million-Dollar Knack of Management*）（1980）。

　　第二部分由《经营的决断》（*Decisions in Management*）（1979）中的 18 篇文章组成，按时间顺序呈现。在第二部分中，我回顾了我所做的各种管理决策，以及如何处理各种危机和困难，并分享了我亲身经历的故事。经营者意识到他们在日常工作中面临的压力，但无论面临什么风险，都要做出正确的决定，我增加了这一部分内容，希望能够对那些面临困难并需要做出正确决策的经营者有用。

这本书篇幅有限，我想讨论的关于商业和管理的内容还有很多。虽然在这本书中还没有全面阐述我的观点，但其中分享的思想和经验，是经营和管理的基础。我将职业生涯中采用的具体管理方法总结而成的思想和经验呈现给大家。

管理没有唯一的答案：一百个商人有一百种经营的方法。在日本以外的地方，也是这本书的大多数读者所在的地方，当地的习俗和礼仪与我们的也很不一样。这本书描述的管理方法在一个不同的社会背景下也可能没什么用，就算是这样，如果读者中的一些人在自己的国家遇到过日本商人，并通过这本书更好地了解日本商人的管理思想，那么我将倍感欣慰。

我今年89岁了。我在很小的时候就失去了父母和哥哥，还患有慢性肺病，病情经常迫使我长时间卧床休养，创业初期我经常得卧床指导员工。还好我活了下来，多年来，我深深地感激能够从事自己热爱的工作。虽然身体在变老，但我觉得心还和年轻人一样，我也一直不断努力提炼自己的"管理方式"。最后，我想和大家分享一首翻译过来的诗，这是我十多年来最喜欢的一首诗。

> 青春就是内心的年轻
>
> 对一些人来说，青春是永恒的
>
> 这些人充满了信仰和希望
>
> 迎接每一天的挑战
>
> 充满了勇气和信心

松下幸之助

1984 年 5 月

NOT FOR
BREAD ALONE

第一部分

CHAPTER 1

第 1 章

培养员工，悉心引导

客观的自我意识

有自我意识的人会意识到自己的不完美，同时会尽力准确地判断趋势；没有这种品质和不断尝试的精神，一个人不会在事业上取得成功。

仔细想想，一家民营企业其实是一个公共组织，因为它要为社会贡献价值。鉴于民营企业的公共属性，无论大小，民营企业都应该帮助员工成长为"人"，成长为负责任的公民。年轻人加入一家努力帮助员工成长的民营企业是幸运的。

　　我坚信，公司管理层应该努力培养员工的自我意识和保持客观的能力。良好的悟性和判断力对任何人都很重要，尤其是企业领导人。面对时刻变化的环境，领导人必须准确地判断趋势，做出恰当的决策并快速反应。但是，领导人如果不清楚自己公司的优劣势，将无法正确地判断趋势。一群了解自己并能够准确应对各种趋势的人，这样的团队组成公司将获得成功，他们能够很好地合作，不会内部分裂。

　　另外，如果成员缺乏判断力和客观的自我意识，这样的团队很容易失败。也许其中的个别成员拥有能力和正确的信息，但整体上无法对面临的问题做出合理和统一的判断。

我们无法知道什么是绝对正确的，也无法了解真相。教会员工如何正确地判断趋势是困难的，但是可以告诉他们：记住正确判断的重要性，通过不断经历来学习如何正确判断。有自我意识的人会意识到自己的不完美，同时会尽力准确地判断趋势；没有这种品质和不断尝试的精神，一个人不会在事业上取得成功。

　　干部和员工都应该努力培养正确判断的能力。由这样一群人组成的公司将会成功，并对社会做出贡献。

相信员工

"我比你强"的态度会让管理者在事业中失败。另一方面，真正的谦卑会给管理者带来巨大的有形价值和无形价值。

人们经常称赞我的管理方式，很多人问我"你的秘诀是什么"。这很难回答，因为我并没有任何特殊的技巧，我能做的就是向员工传递我的基本态度。

　　员工管理有几种方法。很显然，一种方法是通过领导的智慧和魅力激励员工努力工作，我在工作中没能做到，这是因为我缺乏这两种特质，不属于这类管理者，我是那种向员工寻求他们智慧的管理者。我发现，跟我试图告诉他们如何做每件事的方式相比较，我用征求意见的方式，员工通常更愿意配合。如果我有任何"秘诀"，那便是自发地信任员工并寻求跟员工合作。

　　我的方法未必是普遍适用的。一个有能力的管理者能够在不征求下属意见的情况下做出正确的决定，并通过发号施令有效地完成工作，这样精简的管理往往会给企业和员工带来巨大的效益。

　　如果一个管理者不具备那样的能力，那么我的管理风格也许更有效。我觉得任何一个员工都比我更有能力和知识，也许是因为我受教育程度不高，很钦佩别人的成就和技能。我相信员工所知道的东西和所拥有的技能，所以，当我想完成某件事情的时候，我会告诉员工"我做不到，但我知道你可以"。知道自己被信任，员工会尽力而为并取得成功。

这并不意味着我从不发号施令，或者从不责骂员工。作为总裁或董事长，我有时不得不斥责员工的错误，但我从不认为自己在智力或知识上比他们优越。

我多年来的一个观察是，那些高层干部信任和赞扬员工的公司通常是成功的。相比之下，当总裁经常抱怨员工无能，公司通常会陷入困境，我没有数据证明这一点，但我相信这是有一定道理的，"我比你强"的态度会让管理者在事业中失败。真正的谦卑会给管理者带来巨大的有形价值和无形价值。

一个无价的机会

如果我犯了这样的错误，没有人会对我说任何话，但背后肯定会有很多批评，那样对我一点帮助都没有，我会继续犯同样的错误。

有一次，公司的一位初级主管犯了一个严重的错误，我给他写了一封官方批评信，但在把信给他之前，我把他叫到办公室，告诉他我将要给他一封批评信。然后我问他收到批评信后会有什么反应："如果你认为你不应该收到这封信，那么给你也没有意义，但如果你承认错误并感到抱歉，那么这封信是有价值的，因为它能帮助你成长。如果你认为批评信无法改变任何事，因此毫无用处，我就不给你了。"

这个年轻人说他很愿意收到这封信，正当我要交给他的时候，他的顶头上司和一位同事走了进来。

"你们来得正是时候，"我对他们说，"我正要给你们的同事一封批评信，他说他很愿意接受这封信，我对他的态度非常满意。"我说，我想给他们读这封信，这样他们可以共同见证。

读完信以后我说，我认为他们都很幸运，有人可以责备他们。我说："如果我犯了这样的错误，没有人会对我说任何话，但背后肯定会有很多批评，那样对我一点帮助都没有，我会继续犯同样的错误。你让我和其他人指出你的错误并告诉你如何改正，这很好，一旦你升到最高职位，无论你做什么都没有人会批评，这就是为什么这次批评是一个无价的机会。"

至少可以说，我在这种情况下使用的方法是不规范的，而且我知道它在其他情况下不一定有效。但是那个人把这当回事，后来他成为一名出色的管理者。

每个人都是公司资产

如果把一个员工放在某个职位上并给他信心，员工就会尽最大努力不辜负上级的期望。

如今，执行力和与人合作的能力非常重要，但这两种能力很难在同一个人身上找到。每家企业的高层干部都在尝试通过招聘和培训来提高员工素质，但是这需要极大的毅力、智慧和资源。

　　我们如何培养员工？干部如何帮助员工成长？应对这些陈旧的问题，答案很多。对我来说，有一种方法的效果很好，那就是：要努力寻找员工的积极品格，不去挑剔员工。这对我来说很容易，一部分原因是我倾向于在看到别人的缺点之前先注意到他们的优点，另一部分原因是当我用这种方式接近别人时，自己更加安心。

　　如果我倾向于只看到员工的缺点，那么我不会在感到不安的情况下给他分配一个重要的工作。我会一直担心他犯大错误，这样的担心会影响我的工作，无法专注于公司更重要的战略问题。更糟糕的是，当对员工缺乏信任时，领导人无法采取任何大胆的举措或激进的措施，如果形势需要，领导人却不敢大胆行事，公司必然受到负面影响。

总而言之，我必须承认有时我高估了某些员工，将他们放在了他们还没有准备好的职位上，但是，我宁愿高估员工的能力，也不愿低估他们。事实证明，如果把一个员工放在某个职位上并给他信心，员工就会尽最大努力不辜负上级的期望，无论他被任命为部门经理还是子公司的负责人，员工通常都会"为了工作而成长"，获得与新职位相匹配的能力。

　　一个人在某个职位上如果无能，他的地位就会受损；如果有能力，他的威信就会提升。尽管大家都在谈论"有多不称职"，我相信大多数人完全有能力学习并完成分配给他们的工作，而且做得很好。

　　但他们必须比以往任何时候都更加努力，上级领导必须不断地鼓励、帮助他们克服弱点。一个经理至少应该把 70% 的注意力放在下属的积极品格上；对于需要改进的地方，放 30% 的注意力就够了。对员工而言，应该尽可能多地看到上级的长处，双方积极合作的态度将提高团队的生产力，并有助于所有人的成长。

面包和价值

当干部的思想和行为一致时，员工会信任他们并向他们学习。企业管理需要的不仅仅是信念和态度，还需要使命感。

我知道把育儿和员工培养进行类比很离谱，我也知道这两件事情都很重要。想要正确地抚养孩子，我们需要对作为人生基本目标的正直和仁慈有清晰的认知，还要了解如何成为家庭和社区的好成员。每个人都有不同的世界观和人生观，重要的是，无论观点如何，我们对基本问题的态度要明确。当父母有坚定的信念，他们的言行和对待孩子的方式就会始终如一，这种方式会产生积极的影响，会在孩子的成长过程中引导他们向着正确的方向迈进。

高层干部还需要对社会、事业和生活有正确而坚定的看法，才能对下属产生积极的影响。当干部的思想和行为一致时，员工会信任他们并向他们学习。企业管理需要的不仅仅是信念和态度，还需要使命感。

一家公司无论大小，除了追求利润之外，还应该有明确的目标证明公司存在的意义。对我来说，这个目标是一种职业使命感。如果掌舵人有这种使命感，可以告诉员工公司的目标是什么，并解释目标的意义。当明白我们不只是为了生计而工作，员工就会有动力为实现目标而更加努力。在这个过程中，除了获得薪水，员工将学到更多东西。

即使领导层没有可以和员工分享的使命，员工在一家公司工作多年后，也可以获得所需的知识和经验。但是，单靠知识和经验并不能帮助一个人成长为一个有智慧的、个性成熟的和有深度的人。员工需要一种哲学，为个人思想提供思考框架，并指导自己的行为，高层干部可以通过阐明公司的使命来帮助员工成长。

职场经历

专业领域的岗位经历有用而且必要，但不足以为员工在公司的长期职业生涯做好准备。

每年春天，刚毕业的大学生加入我们公司，他们会在工厂或店面接受一段时间的实践和培训。在公司规模还小的时候并不需要这些项目，因为岗位经历就足以让员工对公司的运营有一个整体的认识：白领参与日常的生产和销售活动，研发工程师和设计师会在车间里拧螺丝、组装零件，业务人员会接触经销商、了解市场一线情况。

　　然而，随着公司规模的扩大，工作变得更加专业。专业领域的岗位经历有用而且必要，但不足以为员工在公司的长期职业生涯做好准备，这就是为什么我们将所有新员工派往工厂和销售点，让他们获得大量的实践经验，然后再将他们分配到公司的特定岗位。

　　在某种程度上，企业领导人像职业医师，除了专业领域的理论知识，还必须具备广泛的"临床"知识和经验。无论多么精通医学理论，只要缺乏临床实践经验，医生就无法自信地面对病人。同样地，商学院毕业生在获得一些实践经验之前不能被称为事业领导人。

假设一个从未真正担任过推销员的人成为销售经理，他坐在办公桌前试图制订营销计划，他可能聪明能干，但他的计划将基于想法和二手知识，这个计划很有可能毫无用处，最终失败。如果销售经理在零售店或批发公司经历了两三年的学徒期，并通过这种方式掌握了销售技巧，那么他以后构思的任何计划都将基于他掌握的一手知识。

　　受过大学教育却没有生产线经验的工程师很难设计或开发出具有制造可行性的优质产品。几年的车间经验会让工程师清楚地了解如何将自己的设计和创意融入产品，这些知识会对他们的研发工作产生积极影响。给受过大学教育的年轻员工进行一段学徒期培训，只是人才培养的方法之一，更重要的是，企业领导人和工程师更像是临床从业者，而非学者或理论家。

CHAPTER 2
第 2 章

破除官僚，全员智慧

尾随头摆

如果头部移动得快，尾巴也会保持同样的速度；如果头部动作迟缓，尾巴就会下垂。

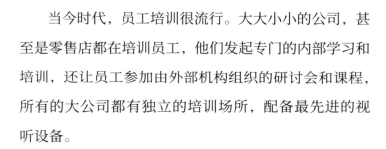

　　当今时代，员工培训很流行。大大小小的公司，甚至是零售店都在培训员工，他们发起专门的内部学习和培训，还让员工参加由外部机构组织的研讨会和课程，所有的大公司都有独立的培训场所，配备最先进的视听设备。

　　管理层有培训员工的热情并没有错，这值得称赞，毕竟，员工的能力是公司与众不同的原因，企业当然应该在精心设计的项目和设备精良的培训中心投入时间和金钱。但是我们也必须记住，项目和设施所提供的不过是一个框架，它们是客观的、中立的"事物"，缺乏感知、同情和理性，需要有人将框架变得人性化。那由谁来做，如何做呢？

　　我认为，在商店，店主应该在员工培训中注入人文素养。在公司，董事长应该通过自己对工作的奉献和对公司的忠诚来树立榜样。当然，没有人是完美的，没有一个管理者期望他所做的每一件事都是完美的。这对一个普通的商人来说要求太高，事实上谁又愿意为一个完美的模范工作呢？有这样一个完人一直在公司，员工无法放松。每个管理者都有他的缺点，领导也容易犯错，如此一来，他与员工才有了可贵的共同点，员工知道他也会犯错，但有一个错误他不能犯而且必须成为模范——那就是对工作的投入度。

无论干部多么有知识、有才华，如果他对自己的工作表现出一点点的摇摆不定，就不会成为一个好领导，这是因为员工需要上级率先垂范。俗话说得好，"尾随头摆"。如果头部移动得快，尾巴也会保持同样的速度；如果头部动作迟缓，尾巴就会下垂。在一个努力工作的领导那里，员工可以学到勤奋的美德，在这种情况下，直接的榜样课程比任何正式的培训都有效。

干部还必须愿意倾听下属关于管理和日常运营的意见，这种态度是基于公司集体智慧的成功管理，在激励员工和帮助员工成长方面也很重要。如果领导层不听取员工的意见，自下而上的沟通很快就会消失，留下一个危险的空白，员工会觉得对产品和操作改进提出建议是浪费时间，管理层不回应来自下级的声音会严重破坏员工培训的效果。

尾随头摆，头部必须是一个好榜样，同时愿意倾听尾巴，这样才能帮助尾巴成长。

自下而上的沟通

自上而下的沟通尤其依赖中层干部，因为他们才是那些必须鼓励普通员工说出想法的人，中层干部最适合创造自由交流意见的氛围。

"和谐"被认为是日本组织中人际关系的缩影。我认为，只有当和谐有助于交换观点和意见时，它在商业组织中才是重要的，这是参与式管理的基础。没有和谐的员工关系，没有和谐的劳资关系，就不可能构建集体智慧，不可能有效地利用集体智慧。

和谐可以促进信息和思想的交流，反之亦然。公司实现和谐的一种方式是确保自上而下的沟通，反之亦然。如果董事长的思想没有传达给员工，公司就不会有效地运转，如果员工的愿望和想法没有传达给领导层，公司就会遇到更大的麻烦。

一个管理者，例如部门主管，必须确保下属知道他在想什么，如果员工们对主管的一些想法或操作方法不满意，主管应当同他们进行充分的讨论。同样地，如果董事长和高管之间、高层和中层之间以及中层和一线员工之间的沟通被给予重视，那么就可以确保员工积极参与并把每个人的智慧反映在公司管理中。反过来，各级干部不向员工强调自己的想法，会导致公司基本路线发生偏离。

然而，更重要的是自下而上的沟通，也就是普通员工的想法和建议要传达到董事长，这是公司良好运作的前提。自下而上的沟通尤其依赖中层干部，因为他们才是那些必须鼓励普通员工说出想法的人，中层干部最适合创造自由交流意见的氛围。

这种沟通需要每个相关人员付出巨大的努力并持续关注，一旦不受阻碍的双向沟通建立起来并保持下去，公司就会基于集体智慧，创造更好的产品、更高的销售额。最重要的是，我们将拥有一个充满斗志的成长型企业。

官僚主义阻碍沟通

理想的企业环境是：即使是一名新员工，只要他愿意，就可以自由地与董事长交流。

随着规模的扩大，企业的组织结构趋于僵化和官僚化。在极端情况下，公司的等级制度变得僵化，员工失去与直接上级以外的任何人的接触机会。例如，一个员工可以自由地联系部门主管，但不能联系部门经理；同样地，部门主管或许可以直接找部门经理，但不能跳过他去联系某个总监，更不用说找董事长了，即使是部门经理也不能直接去见首席执行官。

　　这种官僚主义会阻碍员工自由表达自己的想法，最终阻碍公司的发展。公司的每个人，尤其是领导人，必须时刻保持警惕，确保这种情况不会发生。

　　理想的企业环境是：即使是一名新员工，只要他愿意，就可以自由地与董事长交流。管理者的责任是创造和保持一种鼓励跨层级沟通的氛围。部门主管可以告诉某个员工："如果你想和经理谈话，我没问题，聊完后给我一个反馈。"员工绕过直接上级并不意味着无视他的权力，当干部开始保护自己的权威时，这个组织就已经被官僚主义环绕。

虽然下属的想法或建议可能没什么用，但是可能有我们从没想到的地方，所以干部要有识别和应用建议的能力。如果我们认为只有自己的思想是有价值的，就会被自己束缚，无法在新的方向上突破。如果我们聚集所有员工的智慧去创造一些新东西，公司将迎来快速发展。运用集体智慧是干部的一项职能。

　　最后，我们不能只把所有的注意力放在那些毫无疑问是好的建议上，而抛弃其他的建议。我们必须倾听那些看似奇怪的想法，并鼓励员工继续思考，让员工尝试提出任何建议。如果员工相信上级真的对自己的建议和想法感兴趣，允许自己自由地表达，他们就会充分发挥创造力，这会让所有人受益。

下放责任

干部的态度应该是"让他做，但不要完全放手"。换句话说，下放一项任务，但不要放任不管。

分配工作时要遵循的一个基本原则是把工作交给想做这件事的人，在大多数情况下，这是确保工作顺利完成的方法。然而，如果有人别有用心，那么这种方法不一定可靠。因此，干部务必要小心地把每一份工作交给喜欢并真正想做好它的人。"一个人喜欢什么，他就会做得很好"，这是真的。

另一方面，工作的执行可能会因为员工缺乏经验或者存在弱点而受到制约，干部应该帮助员工克服局限，如果在合理的时间内，员工的工作没有改善，就应该换人。干部的态度应该是"让他做，但不要完全放手"。换句话说，下放一项任务，但不要放任不管。

最后的责任总是落在地位最高的人身上，意识到这一点，灵巧的干部会关注员工的工作进展。虽然实际工作不在自己的掌握之中，但他不会忘记这项工作，这就是为什么干部应该要求员工定期报告进度，在出现问题时向员工提供建议和指导——我认为，这是干部的主要工作。

然而，一旦把责任委托给员工，管理者就不需要过多地干涉或关心细节。为下属着想，他需要一定的容忍度。但是如果事情开始失控，优秀的干部则需要小心谨慎并引导员工，否则，干部就是在抛弃自己为这项任务挑选的员工——一个负责任的干部不会这么做。

　　当一些有能力的员工被分配去做具有挑战性的工作时，他们会努力完成并在必要时寻求上级的建议；另一些员工则不会或不情愿向领导求助，他们认为既然领导把工作交给我了，就应该让我按自己的方式去做，这种态度不利于共同努力，这样的人从一开始就不应该被选中，领导应该立即换人。管理依赖于人，干部绝不能对员工的错误不理不睬，或者消极忍受。作为老板和雇员，我们必须认真、一丝不苟地对待彼此。干部的职责是时刻保持警惕，确保正确的人在正确的地方工作。

良好关系的回报

供应商意识到我像考虑自己的利益一样用心考虑他的利益，还为此提出建议，这让他印象深刻并十分感激。

采购生产材料不是一个简单的日常活动，而是涉及很多敏感的事情，还都与人相关。

假如工厂想把某个产品降价 10%，就必须按比例降低制造成本，这就意味着要严格控制生产，还要联系原材料和零部件供应商，想办法让他们降价。这可能会很难，所以厂家要用正确的方式推进。

一种方法是直截了当地要求供应商降价，但我并不完全赞同这种做法，我希望供应商能参与进来：首先我会解释，我们想把这种产品降价 10%，让更多的人能够使用它，要做到这一点，需要大家的合作。我想强调的是，我们不希望供应商遭受任何损失，我问他们在降价后是否还能有利润，有时供应商安慰我说"有，这种情况下倒是没有问题"，但当他们说这"不可能"时，我就必须了解缘由。

有一次，我要求一个供应商解释为什么不能降价，他的答复让我不满，我就要求去看看他的工厂，我们一起走进现场，发现了很多可以改进的地方，这些改进可以让他在不做出牺牲的情况下降低价格，我说服了这个老板，让他相信在降价后还有钱赚。

我们得到的不只是降价，供应商意识到我像考虑自己的利益一样用心考虑他的利益，还为此提出建议，这让他印象深刻并十分感激。供应商知道我们关心他的利润，并鼓励他进一步改进。结果，他在没人要求的情况下想各种办法降低成本、主动降价。厂家和供应商的充分合作让双方实现共同发展。我发现购买确实是一门艺术，完全取决于人际能力。

保持诚信

高效的管理者不需要很多知识，不太懂技术也没关系，但他必须无条件地尊重事实，并致力于基于事实的行动。

好的管理者永远不应该撒谎和欺骗，只要他一直说真话就能保持正直，即使情况发生了变化导致他必须说一些与三个月前完全不同的建议。真理有真理的力量，真理总能打动别人，而陈词滥调和花言巧语没有意义，甚至是具有破坏性的。

我很幸运，因为我一直都很诚实，因此我在做生意的时候很少遭遇敌对情绪。就像与工会谈判这样的情况可能非常艰难，但在我们公司，每个人都知道什么时候达到了极限，我想这是因为大家知道我总是说真话并说到做到。

管理没有魔法和花招，优秀的干部只希望按照秩序和正义行事，赢得他人的信任。只有在真理和信任这两根柱子的支撑下，人才会强大。

高效的管理者不需要很多知识，不太懂技术也没关系，但他必须无条件地尊重事实，并致力于基于事实的行动。一般人可以只靠自己的知识和技术勉强度日，作为领导人，如果只拥有知识和技术肯定走不远，他的职业生涯在到达顶峰之前就会停止。

员工需要梦想

领导层只给员工简单的收益数字是不对的，员工还应该了解公司未来的战略和目标。

在我担任公司总裁的那些年，我常常向员工讲述我对未来的规划，大家很快就了解了我对公司的期望。

1956 年，我决定向全公司宣布我们的五年规划，这是前所未闻的。有人认为这是愚蠢的，因为披露公司战略会带来麻烦，从管理的角度看，这样公开公司的秘密也是极不恰当的。

幸运的是，员工们理解我的动机，我说未来五年的销售额会有多大的增长，并给出了具体的数字，我知道把这个信息泄露给竞争对手后公司所面临的风险，但是我还是坚持这么做了。首先，我想给员工们一个梦想未来的机会。其次，我真的相信这是一个掌舵人应该做的事情。

从那天起，我总是公开宣布我所有的计划。例如，公司员工很快就知道我打算实行每周五天工作制（这在 20 世纪 60 年代早期是不可想象的），并支付欧洲水平的工资。有人批评我的开放式管理，在某些情况下批评我的人是对的——这种方式并不应该被推崇。但是我认为，领导层只给员工简单的收益数字是不对的，员工还应该了解公司未来的战略和目标。

我今天还是持有同样的观点，我认为，给所有员工梦想的机会是很重要的。如果领导人在给予梦想方面很吝啬，他就会失去员工对公司未来的奉献力和参与度。拥有梦想就是拥有权利和动力，能激发梦想的干部才是好干部。

参与式管理

以集体智慧为基础的管理是松下电器的标志。

管理的质量是企业成败的决定性因素，我认为最好的管理是让所有的员工都参与进来，让每个人都为实现共同的目标贡献自己的力量。我从职业生涯一开始就一直有意识地追求这种参与式管理。

　　一个雄辩的、有能力的掌舵人能够凭借超凡的领导才能引领员工走向成功，但是，我不相信一个有能力和权力的领导者能够一个人管理一家企业，而不依靠企业所有员工的智慧。实际上，依靠掌舵人独自管理的方式是无法成功的，出于各种原因，这种管理方式终将失败。

　　基于集体智慧的管理听起来不错，但做起来很难，连解释起来都很困难。多年来，作为松下电器的总裁或董事长，我抓住每一个机会让大家明白，我希望公司由全体员工自主管理，我说过的一段话是这样的：

　　不是我一个人在管理这家公司，你们每个人都可以在管理中发挥作用。我们需要每个人的思想、技能和知识，从而汇聚大家的智慧，提高运营效率，提升产品和服务质量，实现有效管理。如果我们这样做，我们会有一个美好的未来。

花了很多年时间，我的参与式管理理念，或者说工业民主的理念，逐渐渗透到员工中，可以说，以集体智慧为基础的管理是松下电器的标志。

具体来说，如何让每个人都参与进来呢？是否有一些有用的方法或公式来集合众智呢？一种方法是通过会议交换意见，会议是有效的沟通渠道，但是程序往往过于正式，沦为蛊惑人心的宣言或没完没了的漫谈。在日本，企业以协商一致为规则进行决策，员工会议的记录非常烦琐，可以持续几个小时却得不出结论。

日本人不擅长召开有效的会议或进行富有成效的讨论。然而，远比技术或程序更重要的，是所有相关人员对参与式管理的承诺。当我们有将所有人的意见汇集在一起的意愿时，我们就会找到方法实现这种意愿，这种方法会随着实践的展开而得到发展。

在一个上万人的大公司，董事长不可能听到每一个员工的声音，但是如果董事长真正致力于参与式管理，就会确保员工的想法和建议通过公司内部不同的沟通渠道传递上来。董事长必须足够开放，倾听在公司的等级制度中处于不同位置的员工的心声，最重要的是，董事长必须在工作场所创造并保持一种鼓励员工自由交换想法的氛围。

第 3 章

独立精神，商业创新

自满阻碍进步

> 我们要随时接受变化，随时准备尝试新鲜事物，时刻关注商业和管理上的新想法。

管理和经营的方式有无数种，也有无限的改进空间。我们所做的任何事情都可以做得更好一点，技术创新就是一个很好的例子。技术发展突飞猛进，突破性的发明时刻诞生，产品不断更新迭代，只有相信我们总能做得更好，才能进步。

在销售、广告、推广和员工教育方面，即使我们已经竭尽全力，也不能停止改进。一家商店或公司发展得很好，并不意味着它经营的方方面面都很完美，离完美远着呢！我们要随时接受变化，随时准备尝试新鲜事物，时刻关注商业和管理上的新想法。

如何改善，改善到什么程度，会决定一家公司是继续发展还是停止增长。"我们总能做得更好"这一事实是令人兴奋的，这说明管理态度会决定企业的成败。

更重要的是管理者对改善的兴趣。当管理者发现一些管理上或技术上可以改进的地方，或者发现一些新的进展时，如果他饶有兴致地参与其中，以至于废寝忘食，他就走上了正确的道路，这就是推动增长的态度。另外，如果管理者对此无动于衷，那么就要小心了，犹豫无法带来任何成绩。

改善的可能性是无穷的，长远地看，企业的成功取决于我们对管理和事业的热情。

有创意的商人

批发商和零售商可以利用独特的中间位置协助改善产品，甚至提出有关新产品的创意。

批发商和零售商的主要工作是从供应商或厂家那里买进商品，然后根据消费者的需求卖出去，然而这并不是全部。批发商和零售商还是消费者和生产者之间重要的沟通渠道，他们是找出用户需求并将信息传递给厂家的最佳人选。批发商和零售商可以利用独特的中间位置协助改善产品，甚至提出有关新产品的创意。

　　有创意的批发商和零售商会思考店里的每一件产品，思考如何对产品进行改进以更好地满足消费者的需求，他们会不断创新（新配件、新设备、新产品），并把自己的想法告诉厂家。

　　当然，研发新产品是厂家的责任，是研发人员和实验室科学家的职责，指望零售商或批发商对产品开发这类高度专业化和技术性的工作做出贡献是不切实际的，但在很多情况下却行之有效。

　　零售商的位置使他们便于接受客户反馈和投诉，便于获取客户需求。如果他们遵循为消费者服务的原则，就会认真对待所有投诉，尝试分析背后的原因，努力想出可能的解决方案，一旦有一些可靠的想法或建议，就会告诉厂家，敦促厂家做出改进。通过这种创造性的活动，无论多么小的零售商，都可以利用自己的业务，对社会做出贡献。

美国的经销商和销售人员以在国家经济中所扮演的角色而自豪。许多人渴望将消费者的声音传递给厂家，为了厂家的利益，他们自愿提供获得的数据和信息，敦促厂家改进现有产品和开发新产品，这是常态，这样的经销商在美国工业中维持着创新精神。

要求批发商和零售商改进旧产品或提出新产品的想法是不合理的吗？我不这么认为。我知道知易行难，我也知道任何努力都是有回报的。事业的真正乐趣来自用自己的创造力满足社会需求。对任何批发商和零售商来说，最大的回报就是消费者和厂家的信任，还有生意兴隆。

零缺陷的激励机制

我相信罚款就是出于这样的目的——一定要让供应商消除产品的缺陷。买方应该通过商业手段鼓励优质产品。

有一家汽车公司在处理供应商的发票时有一套独特的方法：付款的时候从账单中扣除一定金额作为电话费，最初订购时的话费由汽车公司承担，但所有随后的话费，例如为了加快延迟交货的速度或投诉有缺陷的零部件而拨打的电话，都由供应商承担。

有一家机械公司对收到的每一个有缺陷的部件罚款，金额与缺陷率成正比，有缺陷的零件全部退回供应商，同时，还要通知供应商的管理层而不是送货人员。

当我第一次听说这类策略时，我感到印象深刻，毕竟这两家公司都很优秀。我不知道这样做是否过头了，但我钦佩两家公司的完美主义，接着我开始意识到这个方法中的逻辑。

我敢肯定，这两家公司都不是通过收取电话费或罚款来节省开支的。相反，他们的目标是消除部件中的缺陷，这样就能生产出高质量的产品。

我们不能通过不断将次品退给供应商的方式来处理不良品，这太浪费时间和精力。一个有缺陷的部件会影响整部车的性能，缺陷部件令人痛心，公司一定已经意识到消除所有缺陷的必要性。我相信罚款就是出于这样的目的——一定要让供应商消除产品的缺陷，买方应该通过商业手段鼓励优质产品。

直觉的意义

在很多情况下，直觉是有价值的、有效的。

很多人尤其是年轻人，认为直觉不科学、不可靠。然而，我觉得虽然科学在大多数情况下有用，但是我们最终还是要依靠直觉。

我在某种程度上一直依赖直觉，在任何情况下我都相信直觉的意义。在工作中，太多的科学精度是有害的，甚至是浪费时间的。几年前我还是董事长的时候，我得知总公司要求区域销售部门和分公司提交书面报告，有些要每天写，有些要每月写，当我发现这堆报告已经达到 240 份的时候，我觉得难以置信。

我问销售经理为什么需要这么多份报告，我不能理解他们花了很多时间准备和阅读这些报告。谁会读呢？我看不出报告的价值，所以我要求把所有无关紧要的报告都取消，最后报告数量下降到 42 份。

还有一个故事，是关于我们在 20 世纪 60 年代使用计算机的。当时计算机还是个新东西，办公室配备了一台大型计算机，每天早上给我们提供前一天的精准销售数据。这当然是好事，但我想知道花了多少钱，一问，竟然是每月 1 万美元，这太贵了。

我马上告诉销售经理这是在浪费钱，我们根本不需要前一天的精准销售数据，不能以此证明计算机的合理性，它只是收集数据，在我们这行每隔五天拿到一次销售数据就足够了。此外，如果在工作中学会估计，仅凭直觉就能对每天的销售额做出比较准确的预测。

当时，松下电器 90% 的销售额是可以预测的，剩下的 10% 则需要更精确的计算。当然，今天我们需要比过去更多和更快的信息——销售策略已经发生了很大的变化，以适应广泛的办公自动化。但我仍然相信，在很多情况下，直觉是有价值的、有效的。

甚至像托马斯·爱迪生这样伟大的科学家和发明家都依赖直觉，他们的发明是直觉闪光的结果。直觉和科学绝不互斥，它们就像自行车的两个轮子，失去其中任何一个，自行车就没办法移动。

独立精神

成功与否在很大程度上取决于负责人的能力，更取决于我所说的"独立管理"。

近年来出现了一种垂直分销系统，即批发商、经销商和零售商只做一个品牌的产品线，而不是同时分销几个品牌。这种方法有很多优点，故而被很多人采纳。

世界经济变化如此之快，商店柜台上几乎每天都冒出各式各样的新产品，商业环境日益复杂。单一品牌分销系统可能是一个好方法，因为它可以简化操作、集中精力、降低风险。此外，制造商－批发商关系和制造商－零售商关系变得紧密，客户可以得到更好的服务，我们有充分的理由相信，这种垂直分销系统代表着巨大的进步。

那么，是否可以假设每个采用垂直分销系统的公司都会成功呢？遗憾的是我不这么认为，成功与否在很大程度上取决于负责人的能力，更取决于我所说的"独立管理"。

一家商店在经营几个品牌的产品时，店主认为自己是老板，要根据自己对市场的判断和自身的情况下单，这是他的店，要完全按照自己的想法做买卖，在能力允许的范围内尽己所能。

但是当这个人开始只与一个品牌合作时，他会觉得自己像这个品牌的子公司。随着自我定位的改变，他会丧失管理的独立性。例如，如果厂家给这家店面分配了一定的商品配额并要求他卖完这些商品，他当然会同意，即使他认为厂家高估了需求量。因此，商店老板变得完全依赖厂家，他相信卖不出去的商品总是可以退货的，或者可以延长信用期限的。慢慢地，他就失去了全力以赴买进和卖空适销对路商品的动力。

这种管理方法极不健康，不仅不能给商店带来好处，也会伤害消费者。这个方法同样无法达到预期目标。

除非批发商和零售商相信，即使与单一公司合

作，自己也可以独立管理并充满活力地工作，从而
使消费者受益，否则这种做法行不通。厂家不能
想当然地认为独家网络就一定能提高销量，应该担
起责任帮助批发商和零售商在管理上保持健康的独
立性。

损失是为失败者准备的

蒸蒸日上的企业和摇摇欲坠的企业，它们的区别就在于管理的哲学，真正负责任的领导人时刻都认定事业是有利可图的。

这些年来我认识很多为松下工厂供应原材料和零部件的分包商，他们的性格和思考方式不同，但我注意到他们在某些方面很相似。成功的分包商对自己的管理充满信心，这是其他分包商所欠缺的。

　　举个例子，当我们要求供应商降价，支持松下电器以更低的价格向社会提供更好的产品时，他们的反应从来都不是断然拒绝或者抗议说会赔钱。相反，他们会努力遵从松下电器的要求，积极回应道："我们会尽最大努力，但必须再给三个月的时间，我们相信会成功，请相信我们。"

　　我很欣赏分包商的这种态度，因为松下电器的工厂向其他公司供应零部件时，我们的反应就是这样。客户要求降价，我绝不会以利润损失作为拒绝的理由。相反我会解释说："好吧，也许我们可以把价格定在 5 美元，4.5 美元也是可能的。但我们必须改变生产方式，这需要时间。"除非特别困难，松下电器总是尽最大的努力来降低价格。当然，不合理的要求对任何人都没有好处，但是只要要求合理，我们就会全力以赴。

做任何生意，赔钱都是错误的。要在不损失利润的情况下降价，就一定要想办法降低成本。如果认为在某些情形下可以做亏本生意，你的公司必然会破产，这种想法等同于失败，是在怯懦地自我辩解。蒸蒸日上的企业和摇摇欲坠的企业，它们的区别就在于管理的哲学，真正负责任的领导人时刻都认定事业是有利可图的。

切勿满足于既得声誉而故步自封

重视每一位客户，提供优质产品，
不断努力，企业声誉才得以发展。

过去的商人非常注重企业声誉，他们努力培养顾客的信赖感，并确保这种信赖感的合理性。他们努力销售优质产品，使品牌受人尊敬。对顾客来说，品牌意味着质量，老板非常努力地保护品牌，只有那些在他手下兢兢业业工作多年的老员工才能用他的品牌出去创业，前提是老板判断这些员工永远不会损害已经建立的品牌声誉。

　　重视每一位客户，提供优质产品，不断努力，企业声誉才得以发展。不依赖已有品牌创业并取得成功是非常困难的。用一个受人尊敬的品牌出去创业更能保证成功。

　　虽然现在的商业世界有些不同，良好声誉和尊重客户的重要性并没有改变。然而，在快速变化的社会中，企业不能仅仅依靠声誉生存。过去，即使企业表现不佳，声誉也可以弥补，现在已经大不相同了。不管品牌多么厚重和受人尊敬，如果企业表现出无能或行为不端，也不会得到宽恕并最终失败。

多年建立的声誉非常重要，但它会在一夜之间倒塌，如同一座注定要倒塌的建筑一样，也许你花了一年的时间建造，但仅仅几天就足以拆毁它。

重要的是，过去获得的声誉在生意中不像以前那样可靠，成功的企业家必须不断了解客户需求，不断满足新的需求，不断建立新的声誉。

商业塑造社会

所有的老板都怀揣理想并努力工作，他们应该与员工分享愿景，共同努力实现愿景。

没有哪个时代像今天一样急速变化，清醒的领导人都明白，只有与时俱进才能生存。管理方式过时的公司将前景暗淡，真正适应变化的领导人定能塑造一个新时代。

　　和过去一样，20 世纪 80 年代也有一批未来学家不断预测，政治家也关心未来，但他们使用的方法不同。未来学家依靠分析，用过去和现在的数据预测未来；政治家依靠规划，他们设想一个更美好的未来并试图实现所规划的愿景。

　　当今的领导人可以像政治家一样，描绘愿景并为之努力，而不是基于数据分析来采取行动，这样的领导人能做出更大的贡献。当然，所有的老板都怀揣理想并努力工作，他们应该与员工分享愿景，共同努力实现愿景。这意味着要不断地评估影响员工工作的要素，并对一两年后将面临的情况做出合理判断。在这个不确定的时代，这一点尤其重要，因为我们不能认为这是理所当然的。

我一直试图展望未来，并与员工分享愿景，我们一起成功地达成了很多目标，我相信这是松下电器稳步发展的主要原因之一。同时，在这个过程中我认识到凡事都有限度，过分执着地追求愿景或者固执地追求目标会适得其反。

　　最好的方式是保持开放心态，准确评估趋势，并不断坚信：商业负责塑造一个新时代。我坚信，在这个躁动不安的时代，适度的灵活和适度的乐观是实现成功的关键因素。

CHAPTER 4
第 4 章

服务精神，赢得人心

没有落在纸面上的合同

我认为需求就是没有落在纸面上的合同，因为它使厂家生产消费者想要的产品，满足需求是厂家与消费者合同中的唯一条款。

许多厂家和经销商都会提前接单开展业务，然而，大多数日本企业的经营并不依赖预订，因为消费者会在特定时间从市场上购买他们需要的商品，松下电器就是这样运营的。在我们每年 150 亿美元的销售额当中，有很大一部分是在公共市场上零售出去的，而非通过预订。

事实上，根据预测而不是根据订单来做业务并不可靠，是有风险的。如果没有明确的承诺，就不能保证把所有生产出来的产品都卖出去，积压的产品变成库存，就只能责怪自己啦。

企业想生产必要的数量，尽快卖空而不留下库存。要做到这一点并没有什么简单的方法，但是有一些原则似乎是有效的，遵循这些原则就不会错得太离谱。

虽然没签协议，但企业和消费者之间有未落于纸面的合同，消费者可以随时随地购买产品。我认为需求就是没有落在纸面上的合同，因为它使厂家生产消费者想要的产品，满足需求是厂家与消费者合同中的唯一条款。

当我们希望增加生产或扩大销售，扩大厂房或购买新设备的时候，这个没有落在纸面上的合同也是适用的。如果在经营企业时胸怀对消费者的责任感，整个公司都会受益，虽然还没有人向我们下单，但是公司知道客人想要什么产品。这是一个没有签字的预先订单或者说是没有落在纸面上的合同，下一步就是履行我们的交付责任，这种方法会让我们信心大增，活力在公司流淌。

没有落在纸面上的合同指引着我做公司，指引着我给消费者提供他们想要的产品，而不会出现积压库存或缺货的情况。

国际贸易日益复杂，生产和销售也越来越难搞，在错综复杂的制造和销售背后，没有落在纸面上的合同（按需生产）以及厂家对消费者的责任并没有改变，深刻认识到这种常态并做出合理反应，公司的业务才会有坚实的基础。

广告就是福音

广告的真正目的不是推销，而是给人们送去好消息，从这个意义上说，广告就是福音。

生产高质量的产品是厂家的责任。然而，厂家还有其他工作：让公众充分了解产品。对于每一款新产品，厂家都有义务向消费者解释它的好处——这就是广告。广告的真正目的不是推销，而是给人们送去好消息，从这个意义上说，广告就是福音。

广告还能鼓励零售商和批发商，促进他们的销售。零售商和批发商直接或间接地将厂家的优质商品卖给用户，如果厂家认为促销不是他的工作，玩忽职守，零售商和批发商会觉得没有得到支持，销售自然会受到影响。反过来，厂家对广告的投入会使零售商和批发商更有信心和热情做促销。

如今，商业在很大程度上依赖广告，我认为这是对的。然而，更多的时候广告只是为了增加销售额。很多商家在广告中夸大或误导了产品形象，这个时候，广告不再是信息的来源，也不是什么"好消息"，因为这样会导致消费者失望。我认为制造业的所有人都应该定期回顾广告，永远不要忘记做广告的初衷。

服务优先

很多时候服务比产品更重要，如果企业不能为自己的产品提供良好的服务，就应该考虑减少业务。

售后服务是留住客户的关键。不管企业在市场投放的产品有多好，如果不提供同样出色的售后服务，客户就会离开并抱怨，转身就去买其他厂家的产品。很多时候服务比产品更重要，如果企业不能为自己的产品提供良好的服务，就应该考虑减少业务，比如从 5 个产品线缩减到 3 个产品线。长远来看，最好减少业务范围，聚焦少量产品，在质量和服务上做到尽善尽美。一个业务聚焦的厂家需要默默地坚守自己对客户的全面责任。

　　无论什么时候，企业如果考虑扩展业务，首先要评估自己是否能够履行对客户的全面责任，比如能否提供良好的服务。只有答案是肯定的，才应该着手扩张。如果对提供优质服务的能力没有信心，就不应该急于行动，因为服务能力不足，不管新业务开始的时候如何成功，不良的售后服务会使客户疏远公司，甚至把整个业务拖垮。

　　产品、销售和服务是不可分割的，一个成功的企业一定是在优质服务上做足投入的，好公司要有好产品，更重要的是要有好服务，只有这样，企业才能发挥最大的潜力。

"您好"服务

对于做生意的人来说，没有什么比客人的喜悦和信任感更能带来快乐和价值了。

越来越多的精密设备需要专业修理或调试，售后服务越来越重要，人们发现销售和售后服务并重的企业都在蓬勃发展。

在客人抱怨产品或者在产品出问题之前就提供售后服务是非常有效的。例如，夏天来了，人们要用电扇，服务人员来到去年购买电扇的客人家串门，说"您好"，询问电扇运转是否正常，检查电扇并提供清洁服务，我将这个过程称为"您好"服务。

当然，这项服务是免费的，没有立竿见影的收益，但是客人是满意的，会增加对公司的信任感。对于做生意的人来说，没有什么比客人的喜悦和信任感更能带来快乐和价值了。

免费的售后服务需要大量的努力和投资，如果你经营一家零售商店，必须首先说服自己"您好"服务是必要的，再说服员工，不断强调为什么"您好"服务很重要，直到大家真正理解并愿意接纳。如果做到了，那么你的商店一定会生意兴隆，产品不会给你带来麻烦，因为你和员工都知道服务的重要性。当客人购买产品的时候，大家都会细心地展示如何正确使用产品，售后服务又会使产品保持良好的状态，客人的抱怨会减少，会对产品感到满意。售后服务需要零售店、批发商和厂家之间的紧密合作，零售商尤为重要，因为他们直接面对客户。

女儿出嫁以后，父母会担心她能不能跟老公和公公婆婆相处得好。卖出去的产品就像嫁出去的女儿，不要忘记它，把它记在心里，关心它过得好不好。还要考虑客人，毕竟零售店和客人已经变成亲戚，需要不断通过"您好"服务来串门。

说服力的价值

> 如果说服力是衡量企业家精神的有意义的标准，那么你最好认真审视自己的说服力，自信和能力是成为一个优秀经营者的关键。

一个优秀的商人知道如何说服别人。假如一位顾客走进店里，恼怒地说"那家店都打八五折，你怎么只打九折"，你会怎么处理？屈服于压力就会失去利润，这对店家来说无异于自掘坟墓，而断然拒绝降价，又可能永远失去一位客人。

　　这个时候，就要依靠说服的艺术，必须使不满的顾客相信你的价格是合理的。根据情况，你可以这样说："这确实是我们在最大限度上可以给您的最低价。不过，基于这个价格，我们会保证尽可能及时的、完整的售后服务。"

　　在商业世界，赢得人心很重要，因为商家要处理的是更有形的商品和服务，需要满足消费者高度多样化的需求。

　　最重要的是，我们要对所销售的产品或服务的质量以及它们对消费者的价值有信心，还必须定价合理，这些条件都满足了就会有很大的优势。如果这样还无法说服客户，那么我怀疑你是不是真的适合做业务。也许你入错行了，一个错位的业务员对任何人（客人、股东、赞助人、供应商或其他人）都没什么帮助。如果说服力是衡量企业家精神的有意义的标准，那么你最好认真审视自己的说服力，自信和能力是成为一个优秀经营者的关键。

质量过硬，价格合理

降价只会削弱人们对日本产品的信心，让销售这些产品的批发商寝食难安。

如果认真观察和倾听，我们可以从别人的经历中学习。我就有这样的经验，比如一家日本公司要进入德国市场，派一名高管去那里谈判。这家公司的产品质量过硬，对自己的国际竞争力充满信心，决定与一家德国顶级批发商接洽。高管和批发商开始协商，但在定价问题上有分歧。

　　日本人说，他希望自己产品的价格能与那些质量上乘、信誉良好的德国产品一样。听了这话，对方犹豫了。"那太高了，"德国人说，"其他日本公司的产品价格要低 15%，你们的价格不能跟一流的德国产品一样，不然我们的产品卖不出去。"

　　在 20 世纪 50 年代中期，这种反应完全合理。但是这位日本高管回答："我们的产品就算不比德国制造的产品好，至少也是一样的，我们的价格也应该一样，这难道不是理所当然的吗？当然我们的产品与德国产品有一点不同，就是我们在这里还不为人知。因此，如果想把货卖出去，我们还需要你向德国消费者解释：这确实是一流的产品。所以，为了促进销售，我们建议降价 3%。"

这样，他们达成了协议，德国批发商很满意，说这是他第一次遇到一个真正教会他一些东西的日本商人。他补充说："现在我对生意的含义有了更多的了解，我很乐意推销你们的产品。"

对我来说这则逸事非常有趣，因为它意味着一些日本公司以降低 15% 的价格销售产品，而另一些日本公司却用和德国同类产品相同的价格销售，只是付了 3% 的促销费用，而且产品卖得很好。在那之前，日本产品的价格波动很大，最初定价为 10 马克[⊖]，后来降到 9 马克，之后降到 8 马克。降价只会削弱人们对日本产品的信心，让销售这些产品的批发商寝食难安。跟德国产品同价销售就没有这种问题，随着客人对产品信心的提升，这家日本公司在德国的销售量比低价销售的日本同行更好。

　⊖　马克，德国、芬兰等国的旧本位货币。——译者注

投诉是宝

投诉是有价值的：它提供了一个与客户直接互动的机会。

在长期担任总裁和董事长期间，我经常收到消费者的来信，他们有时称赞我们的产品，但更多的时候是抱怨我们的产品。当然，我喜欢收到表扬信，但是我更感激那些抱怨。

有一次，我们收到一位教授的来信，抱怨我们卖给他所在大学的产品总出故障。我立即派产品负责人到学校，教授很生气，但是当负责人解释了原因并消除了故障时，教授情绪缓和了，还热情地向学校的其他院系推荐这款产品。这件事给我们带来了新的业务。

这就是为什么投诉是有价值的：它提供了一个与客户直接互动的机会。那些没有抱怨的客人可能再也不买这家公司的产品，那些抱怨的人可能一开始也这么想的。如果你不辞辛苦地去拜访他们，处理他们的抱怨，他们反倒会欣赏你的真诚。由于你处理得好，最终得到一个粉丝而不是一个批评家。

当然，如果你坐着不动，对收到的投诉不做任何回应，或者如果处理不当，你的客户会越来越少。因此，每当收到客户的抱怨，你都要创造条件跟客户建立亲密关系，尊重客户，寻找和理解他们不满的原因并认真解决。最糟糕的做法就是忽视投诉，相反，我们要充分利用好这个机会。

忠诚的臣民

真正忠诚的臣民会非常关心自己的国王，并帮助他谨慎行事。

1951 年，我第一次去欧洲的时候，见了一位大公司的董事长。在交流的时候，这位董事长说："您知道吗，松下先生，我是这样看的，消费者是国王，我们公司是时刻准备为国王服务的忠诚臣民。因此，无论我们的国王（客户）有什么要求，我们都要满足，无论多么困难。这是我们的责任，也是商业活动的基本原则。"

　　今天，"消费者为王"这句话很流行，但在 30 多年前还不是这样，当时这段话给我一种新鲜感，它蕴含的真理和见解给我留下了深刻的印象。

　　与此同时，我又有了另一个想法。历史上我们曾多次看到，当一个国王忽视他的臣民时，臣民最终会失去工作的欲望，国王将陷入严重的困境，王国本身也会走向衰败或者被征服。服从国王是一回事，是每个臣民的义务，但是，真正忠诚的臣民难道不应该在国王误入歧途的时候谏言吗？

也许忠诚有两种形式，一种是服从国王的每一个愿望，即使这些愿望是荒谬的。另一种是当国王被误导时，即使冒着触犯的风险也要给国王适当的建议——我认为这才是真正的忠诚。真正忠诚的臣民会非常关心自己的国王，并帮助他谨慎行事。

如今，"消费者为王"更重要了，这是好事，但是我们也要记住忠诚臣民的角色——帮助国王做出正确的决定。这样，英明的统治者和忠诚的臣民才能共同谋求社会和国家的繁荣昌盛。我们要记住，"消费者是国王"，国王的责任远不只是下达命令。

CHAPTER 5
第 5 章

社会责任，创造精神、物质双幸福

公众的眼光

如果相信"公众拥有智慧"的基本真理，接受公众的判断，领导人就很容易纠正自己的错误，在必要的时候做出调整。

"公众的眼光"这个词的含义因人而异。它让我想起仲裁者，一个判断对错、公平与否的法官。我相信公众的判断最终是正确的。在商业领域，相信公众的判断是非常重要的，它让你积极向上、充满信念，确保你符合可靠的、共同的社会标准。

　　如果人们的基本态度不稳定、判断不可靠，那么有的时候人们就会拒绝做符合道德规范的商业行为。无论企业多么谨慎，反复无常的公众也会使领导人没有信心做生意。即使经营多年，如果领导人总是担心人们对自己的产品、定价策略、销售方法或者促销活动的反应，当然就没办法全心全意地关注业务本身。

　　幸运的是，"公众的眼光"是坚定的。我从长期的经验中得知，公众或社会支持任何明智、理性和公平的经营者。只要领导人的商业实践符合公认的规范，公司就会有坚实的基础。如果出了问题，领导人就可能已经偏离轨道，在责备客户、消费者或者其他人之前，领导人应该重新审视自己。如果相信"公众拥有智慧"的基本真理，接受公众的判断，领导人就很容易纠正自己的错误，在必要的时候做出调整。动态和灵活的管理对企业是至关重要的，但是这种灵活调整只有在获得公众支持的情况下才能实现。

我承认我对公众的基本信任听起来可能太天真乐观，的确，"这个世界上的傻瓜和聪明人一样多"。善良被邪恶践踏，正确被错误压倒，正义被非正义战胜，这样的故事在历史上比比皆是。相反，有多少次，善良、认真、有建设性的人默默无闻，甚至有时在痛苦和屈辱中死去，历史上经常发生不公和错误，也许没有哪一个社会能够避免这样的耻辱。

然而，即使承认这一点，从长远来看，我仍然相信人们对正确和错误的判断。如果没有这种信念，我们哪里还能找到安全感呢？我们对未来的希望建立在什么基础上？正是这种乐观精神，使我们能够对工作目标和实现理想做出坚定的承诺。

经营者盈利的权利

　　我们要抓住每一个机会，让公众知道利润是社会繁荣的源泉，有合理的利润，企业才可以为公众提供更好的服务。

在商业中，最重要的是追求合理的利润。企业只有获得合理的利润，不要太多也不能太少，才能扩大规模，为更多的人提供更好的服务。另外，企业以税收的形式拿出利润的很大一部分为社会做贡献，从这个意义上说，企业就像公民一样，应该获得合理的利润。

当然，经营的基本原则是提供质量好、价格合理的产品，以满足消费者的需求。因此，我们必须不断地开发能生产更优质产品的新方法，创新更有效的销售方法，提供更好的服务。同时，我们应该尽量获得合理的利润。倾销、过度竞争和其他类似的不良做法最终会让同行业每个人的努力都付诸东流。

为了获得合理的利润，我们应该铭记：尽可能减少不必要的开支，上上下下的每个人都要有成本意识，节省电话、文具等方面的费用，合理的利润应该通过不断提高效率和降低成本来实现。

即使老板们对合理利润的必要性有共识，也需要说服公众，让他们知道：企业的利润会影响价格，但是企业不只为了利润。我们要抓住每一个机会，让公众知道利润是社会繁荣的源泉，有合理的利润，企业才可以为公众提供更好的服务。要想创造能为社会带来真正利益的营商环境，关键是要说服人们接受企业追求合理利润的事实，只要有耐心和毅力，这一切是能做到的。

管好自己的事

企业破产的原因通常是缺乏控制，更严密的管理可以防止破产。

要做好经营，组织要以支持公司的未来发展作为目标。领导人必须对微小的细节一丝不苟，账单的支付和收款对经理来说似乎微不足道，但它们是财务的核心，令人惊讶的是它们经常被忽视。

企业破产的原因通常是缺乏控制，更严密的管理可以防止破产。长时间不注意那些乏味却至关重要的日常琐事，例如结算，对公司是致命的，虽然这种忽视通常都不是故意的。当老板们过度沉迷销售而忘记结算时，必然会发生财务问题。

不仅中小企业会有经营松懈的问题，大公司也有忽视细节的倾向。一开始并没有表现出来，日积月累，公司就开始陷入麻烦，麻烦越来越大，直到不可逆转。

当我们在钱的问题上粗心大意时，就会在其他任何事情上粗心大意。你会发现，盈利的企业在花钱方面很谨慎，包括付款和收款。不管公司规模多大，如果你想把公司管理好，要让公司发展，真不能马虎。

有一家中等规模的批发商，在经济困难时期也获得了可观的利润，深受所有供货商和零售商的喜爱和信任。老板的秘诀是准确地付款和收款，在业务的各个方面保持精准，换句话说，他做业务的方式是严肃而精确的。慢慢地，公司与合作伙伴建立了巨大的信任。企业繁荣背后的重要因素很可能仅仅在于人们对工作的基本态度。

没有妥协

我知道有一家公司非常成功，在很大程度上是因为管理层和员工都不妥协。

生意中没有妥协，换句话说，无论做什么工作，在你提交成果之前，要确保它令人满意。

假设你的工厂收到一份特定型号的大订单，你很清楚那批产品的质量不符合你的标准，如果不接受，下一个订单就没了，你应该怎么做？

面对这种情况，大多数人可能会简单处理：提供这种产品，并发誓决不会再妥协。可以理解，这是人之常情。但实际上这是一个至关重要的决定，它标志着在此之后这家企业或成或败。在这一点上，领导人不能屈服于人性的弱点。

无论是谁的订单，要下定决心不让任何产品在质量达标前离开工厂，同时确保所有员工都有同样的决心。

做事时坚守信念，尽全力做到尽善尽美。当然，在这个世界上，真正的完美是不可能的，尽管如此，我们对自己要有这样的基本承诺，否则将无法在扩张和产品多样化的时候经营好公司。

　　我知道有一家公司非常成功，在很大程度上是因为管理层和员工都不妥协，他们不允许任何质量不达标的产品出厂，不管是什么类型的订单，也不管是谁下的订单。成功的公司都不怕竞争对手，他们知道只要保证质量和准时交货，就没有人能抢走自己的生意。

　　坚定目标不等于固执。好的管理者时刻准备在必要的时候拿出替代方案，这是管理中的基本方法，这样的干部可以自豪并充满信心地完成工作。

为了进步，公平竞争

商业领域的健康竞争是一种财富，它鼓励行业创新，激励人们提高工作表现。

竞争本身缺乏意义，竞争作为实现目标的一种手段，比竞争的过程重要。商业领域的健康竞争是一种财富，它鼓励行业创新，激励人们提高工作表现。正如垄断导致行业停滞一样，竞争促使社会进步。

然而，过度竞争可能适得其反，扰乱市场，侵蚀相关行业。当竞争失控的时候，消费者、相关行业的公司、金融机构以及其他所有和这个行业有直接或间接利益关系的人都将蒙受损失。

无论是厂家、分销商还是零售商，任何参与竞争的人都必须保持公平。例如，任何人都不应该试图或者被允许利用政治影响力来战胜竞争对手，抑或是通过操纵更大的金融权力将小公司排挤出所在的行业，这样的违法行为会导致无政府状态，伤害整个行业。

在公平竞争中，公司以产品质量和服务为基础进行比拼：在这两个方面都表现好的公司将处于竞争中的领先地位，恶意降价（倾销）从长远来看只会对客户不利，试图以牺牲其他公司的利润为代价抢占市场份额也不公平。

不公平的过度竞争有双重驱动因素：专注于自身利益且不关注整个行业的稳定与繁荣。无论我们面对的是一个行业、一个社区还是一个国家，都要考虑整体利益。只有当整体利益得到满足时，个体的利益才最有保障。

胜任者的生存之道

> 掌权者的统治不会带来繁荣，恰恰相反，历史一再证明，不受约束的权力必然导致暴力。

自由经济鼓励竞争，竞争鼓励奉献精神、勤奋工作，最终建设美好的社会。公平竞争至关重要，它不是基于权力，而是基于持久的价值。

公平竞争是一种道德准则，一种伦理，它为是非提供一个标准，这样的准则规定我们如何进行活动，没有它，社会将成为强者的领地，被掌权者主宰。掌权者的统治不会带来繁荣，恰恰相反，历史一再证明，不受约束的权力必然导致暴力。

一方面，公平竞争使资金很少的小公司通过管理能力和效率的提升获得同等的成功机会。很难用具体的术语来定义能力，但可以肯定的是，善良、勤奋和创造力是能力的重要组成部分，这些品格是一个人在没有巨大财富、没有影响力的情况下也可以培养的。如果围绕这些品格展开竞争，任何一个真正有能力的人都会在商业领域做得很好。

另一方面，如果财力决定了竞争规则，那么技能就变得不重要，资本少但拥有优秀管理者的小公司永远不会有竞争力。从长远看，当金融影响力成为决定因素时，无论是社会还是企业都不会受益。

在制造业，每个公司都应该利用创意来生产高质量的产品，降低成本和管理费用，进而降低零售价格，还要获得合理的利润，在这个意义上的竞争应该被鼓励。竞争条件公平的时候，小公司也能够与大公司平等竞争，如果有合格的领导人，中小企业甚至更适合动态竞争。

在任何情况下，那些在一个领域脱颖而出的人将在竞争中生存下来，而其他人则应该寻求在其他领域发挥潜力。在我看来，这是一种自然的进步模式，对一个社会的平衡发展至关重要。

富裕的两面

> 企业界应该为人们的精神提供一项重要的服务——鼓励独立经营。

商业的目的是通过生产和流通尽可能多的物质产品来满足消费者的需要，提高大众的生活质量。从本质上说，商业的存在就是为了提高人们的生活水平。

然而，人活着不只是为了物质，享受物质并不能保证幸福，只有精神财富才能带来真正的幸福。如果是这样，企业是否应该只关注人类生活的物质方面，而把对人类精神的关注留给伦理？我认为不应该，商人必须参与创造一个精神和物质都富足的社会。

我们可以做的一件事情，就是建立并维护健全的商业习惯和道德规范。比如，如果在结账方面懈怠，公司的业务会变得草率，就可能会导致员工士气低落，进而影响整个行业。因此，领导人必须严谨地处理财务，并鼓励其他人同样认真对待回款和付款。

毫不夸张地说，健康的经营始于准时结算，一个基于财务道德来运营的企业将对员工和客户产生积极的影响，有些人甚至会在经营过程中感受到道德的提升和自身的进步。

企业界应该为人们的精神提供一项重要的服务——鼓励独立经营。不断减少借贷，增加权益，通过内部研发提高产品质量和服务质量，用自己的资源解决可能出现的问题，而不是以牺牲他人的利益为代价——所有这些都是我所说的"独立经营"。企业界应该鼓励所有管理者践行加强公司自主权的方针和活动，本着独立精神促进彼此合作，如果这些努力取得成功，那么企业界将成为社会的模范。

我确信商业可以通过多种多样的方式丰富人们的精神生活，然而，企业对社会最基本的责任是独立经营。只有这样，大公司和小公司才能开始共同建设一个真正富裕的社会——一个精神和物质生活都富足的社会。

一个关注政治的时代

企业界人士必须尽最大努力，在力所能及的范围内以大家认为对社会最有利的方式行动。

对每个人来说，今天的世界跟过去大不相同。对于那些经历过慢节奏和简单时代的商人来说，难免感到不安和畏惧：不知怎么回事，无论自己做什么，都失去了对命运的掌控。

在过去，商业和政治是分开的，商人可以努力经营而不需要太关注政治。今天，商业和政治实际上是交织在一起的，企业几乎没有办法逃避政治对公司战略和绩效的影响。在一个明确的国家和国际环境下，这是好事。但事实上并非如此，我们发现日本政治混乱，无论企业做什么努力都无法改变，最终只能使问题复杂化，进而事态变得无法控制。

大多数人会同意，日本这个国家的目标不明确：政治领导人摇摆不定，这让商界和公众都不知道接下来会发生什么。我们都希望日本有明确的目标，这样才会使管理变得容易，关键是政府没有这样做。在政府这样做之前，企业界人士必须尽最大努力，在力所能及的范围内以大家认为对社会最有利的方式行动。

无论国家政策如何，我们都应该根据自己的判断来决定企业的方向。这可能有很多困难，但领导人必须创造自己的哲学和信念，做自己认为正确的事情。重要的是，公司要有愿景并分享愿景，分享愿景有助于创造稳定和共同的目标。

　　作为经营者和社会成员，我们也有责任将我们认为对国家最有利的政策，坚定地、建设性地传达给政界人士。今天，如果企业界不关注政治家的言论和想法，我们就不能指望在商业领域获得稳定。商业与政治的结合似乎是对经营活动的无理侵犯，但如果我们所有人都足够关心政治，总有一天会就国家政策达成共识，这将给商界带来更大的稳定。

CHAPTER 6
第6章

在逆境中增长，
在危机中前行

困境是最好的老师

> 每一次失败的经历，都使他获得相应的智慧和洞察力，他也因此变得更加成熟。自信和成功是建立在试错之上的。

困境在经营中很常见，有的时候我们能应付，有的时候我们很难应付。在困境中，我们首先应该保持冷静和理性。

　　对我来说，应对困境的一个重要方法，就是诚实地、不带偏见地反映实际情况和这种情况发生的原因。摆脱困境可能超出了我的能力范围，但是这个困境的原因可能与我直接相关，因此我有可能解决它。对任何人来说，面对重要的事情都容易估计错误或者处理不当，当这种情况发生时，我们必须诚实地面对自己的错误。如果真想找到出路，出路就一定会出现，而这段经历将是自己宝贵的一课。

　　最终，失败为我们提供了宝贵的经验，我们可以从中汲取教训、获得智慧。失败也让我们对自己和环境有了更深刻的了解，可以借此获得成长和进步。

　　所有成功的掌舵人都遭遇过失败，每一次失败的经历，都使他获得相应的智慧和洞察力，他也因此变得更加成熟。自信和成功是建立在试错之上的。

　　这就是为什么每次我们发现自己处于困境的时候，唯一令人满意的解决办法就是正视事实并承认错误。如果不这样做，我们将一无所获，不管同样的困难发生多少次，把责任推给别人只会让事情变得更加复杂；认识到失败的原因，并提醒自己这是一个很好的教训，尽管代价高昂，但我们会因此变得更强大。

生活在钢丝上

一个优秀的掌舵人必须准备经受风暴，在面对无法预测的境况时无所畏惧。

这个时代被称为"不确定的时代"，准确预测是不可能的，这只会增加公司总裁面对的问题，领导们已经有太多的事要处理。不过，这并非难事，我们以前已经面对过，我们将再次面对。

　　在这个不确定的时代，积极的人会被激发所有的技能来应对挑战，自然会变得更强大。另一些人呢，则对世界的无序感到不安和困惑，这种类型的领导人永远无法带领公司走向繁荣。一个优秀的掌舵人必须准备经受风暴，在面对无法预测的境况时无所畏惧。

　　过去人们常说，武士无论什么时候离开家，都必须准备好对付七个埋伏着的敌人。武士随时准备面对死亡，正是这种准备为武士赢得了钦佩和尊重。

　　今天的掌舵人比武士更需要准备，必须时刻意识到自己和公司随时可能崩塌，就像行走在一条非常危险的钢丝上，不能对生活和业务抱持轻松和冷漠的态度。优秀的老板即使在聚会时玩得很开心，也必须对危险和责任保持警觉，如果能保持警觉还仍然喜欢社交，他就是一个成熟的管理者。如果他很警觉但是很焦虑，那么他就不应该担任掌舵人的角色。

总裁负责指导每一位员工，如果公司有一万名员工，总裁就需要关心一万名员工。领导人睡眠很少，困难重重，然而，不眠之夜和忧虑是担大任者的生命价值所在，从来没有哪一位公司总裁是无忧无虑的，忧虑和沉重是工作的一部分。

衰退学院

当事情进展顺利的时候，我们很快就会忘记糟糕的时刻，直到困境再次降临，被打个措手不及，我们再次变得焦虑。

人性让我好奇。当一切顺利的时候，人们往往变得松懈，而恰恰在这种时候我们必须提醒自己：未雨绸缪。面对未来的困难，繁荣给人们提供了准备时间，遗憾的是，我们总是很健忘。

当事情进展顺利的时候，我们很快就会忘记糟糕的时刻，直到困境再次降临，被打个措手不及，我们再次变得焦虑。这个时候，我们应该告诉自己：不管怎么样，一切都会好起来！一定要努力使公司走出衰退。这就是我们作为经营者和独立的人应该创造的成长，这种成长一定是在艰难时期发生的。

员工也是如此，员工在繁荣时期的进步不如在艰难时期的成长，当然，我并不是鼓励招惹毫无意义的麻烦，公司顺风顺水更重要。但是我相信，经济衰退或萧条为员工提供了最好的训练机会。没有人喜欢衰退，我们应该控制或消除衰退。然而在现实中，经济繁荣之后必然会有一段萧条期。

市道不好的时候，销售不旺，货款难回收，每个人都受到资金问题的影响，但这不是抱怨的时候。在这种境况中，应该积极思考怎么教育员工——只要有渡过难关的愿望，就没有比经济衰退更好的训练机会，这完全取决于领导人的态度。

亏损融资的陷阱

市道好的时候，过度举债的公司可以正常运营，一旦货币供应紧张，这些公司就会陷入困境，业务停滞。

新闻中出现的大量破产案件无疑是艰难时期的标志，然而，这些破产公司的负债规模令我十分惊讶。在第二次世界大战以前，一家资产为 2 万美元的公司破产，其债务是资产的 2 ～ 3 倍，令人耸人听闻；如今，一家规模相当的公司最终背负的债务是资产的 20 ～ 30 倍也司空见惯。

我觉得这非常不健康，这种状况是现代日本经济疲软和价值观缺失的标志。市道好的时候，过度举债的公司可以正常运营，一旦货币供应紧张，这些公司就会陷入困境，业务停滞。

过度借贷可能是在第二次世界大战之后的几年兴起的，当时绝大多数公司失去了所有资产，被迫严重依赖外部资金。但是今天的情况大不相同了，资金并不稀缺，任何有能力的公司都应该能够管好手中的资金，应该量入为出。

实际上，我知道这做起来很难，在公司挣到足够的钱之前，很难只靠自己的钱运营公司，也不能通过提高零售价来实现，这是因为同行低价竞争会抢走客户。唯一的办法就是简化运营，降低直接费用和管理费用，同时为客户提供最好的售后服务。做到这一点，不仅会让客户满意，还能保证获得合理的利润，公司的业务会维持下去，公司最终会兴旺发达。

破产以后留下的巨额债务必须由别人偿还，老板可以自力更生来减轻别人的负担，如果真的下定决心，老板可以找到方法还清债务。

给自己留点余地

水库式管理不能直接创造利润，在技术上也不是必要的，但是对于以长期稳定和长期发展为目标的企业来说，这种方法行之有效。

如今，除了抵押品，日本的银行几乎都以定期储蓄存款作为贷款条件，这曾经一直是一个有争议性的话题，因为日本政府和中央银行都认为这是一种奇怪的做法，但是现在已经成为惯例。

半个世纪以来，即使银行没有要求，我也习惯于这种存款模式。每次贷款，我会借两倍于我需要的钱，并把一半作为定期存款。每次我都会蒙受损失，这仅仅是因为我在贷款上支付的利息远远高于我在定期存款上赚回的利息。但是我并不认为这是一种损失，而是一种预防措施，主要用于救急。银行经理信任我，完全赞同我谨慎处理贷款的方式。最重要的是，当我借钱的时候，我从不担心没有足够的资金，因为我知道，我总是可以从我存的额外资金中提现救急，无论承受多少利息损失，我相信这些损失最终都将收回。设置一个应急的水库就是我所说的"水库式管理"。

水库式管理在其他领域也同样是必要的，企业应该有人员的水库、设备的水库、产品的水库、技术的水库，等等。每一个业务部门都要建立余量，确保公司永远不会陷入困境。水库式管理不能直接创造利润，在技术上也不是必要的，但是对于以长期稳定和长期发展为目标的企业来说，这种方法行之有效。

水库式管理也可被看作有限反应原则，如果你能举起的最大重量是 50 磅[⊖]，那么你的选择不应该超过 40 磅，如果负重过大，你很可能会被绊倒或摔倒。10 磅的安全边际降低了发生事故的风险，换句话说，做什么都要适度。如果以 80% 的能力接单，总会有 20% 的余量来应对诸如"需求突然增加"这样的紧急情况。

请注意，即使是按照水库式管理的原则运营，企业也应该能盈利，关键是对市场状况的准确预测。例如，预测某个产品的市场需求量为 100，如果只生产

　　⊖　1 磅≈ 0.45 千克。

80 就过于谨慎，最好生产 90，永远不要生产 100。因
为如果预测高了，最终会有卖不掉的库存。

重要的是一开始的预测就要准确，当需求为 100
的时候，不要预测为 120 或 80——任何一个错误的预
测都会给公司带来麻烦，只有当一开始的预测就是正
确的，水库式管理才有效。

地震带来的震动

虽然地震的确是命运的安排，但其实损失的大小是可控的，损失与管理能力成反比。

1964 年，日本海沿岸的新潟县发生了大地震，地震摧毁了建筑物、桥梁，并对城市及其市民、商业和金融机构造成了巨大损失。松下电器在新潟县有一个销售办事处，我估计会有一定的损失，但从我收到的报告来看，损失的金额和办事处的规模不成比例。

　　如果我们在当地有一家工厂，那么损失的规模是可以接受的，但对于一个销售办事处来说，损失也太大了。慢慢地，我了解到，运往新潟县的产品比市场需求的多得多，因为没有卖出去，办事处有很多库存。如果不过度发货，保持最合适的库存，公司就不会损失这么多。

　　一般来说，自然灾害造成损失，人们往往会把它当作不可抗拒的命运，对于地震尤其如此，因为还没有可靠的系统来预测地震的发生。事实上，虽然地震的确是命运的安排，但其实损失的大小是可控的，损失与管理能力成反比。

经历过新潟县地震，我决定检查公司在所有区域的销售办事处，并在其他几个地方也发现了类似过度库存的情况。我开始着手处理，和员工讨论各种方法，最后形成一个合理优化的计划。如果没有新潟县的地震，我们永远不会注意到销售办事处发生了什么，事实上，我们完全有机会发现问题并进行必要的调整。地震造成了可怕的痛苦，但是对于我和相关同事来说，事后补救也是一个刺激的挑战。

平淡无奇的日子，
从小事中学习

> 事实上，没有绝对的失败，也没有绝对的成功，相反，每一次失败都是部分的成功，如果没有失败也就没有成功。

众所周知，做好业务的一个重要环节就是每天积累经验，失败和成功都是宝贵的经验，可以说，这些成败给人的职业生涯增添了活力，而且一个人年纪越大，获得的经验也越多。这种品格在工作中表现出来，值得尊敬，因为随着岁月流逝，这个人已经学会了这些东西。没有经历过成功和失败，时间的流逝毫无意义。

　　大多数人都重视经验，很少有人意识到不仅要从成功和失败中学习，而且要从日常小事中学习，看似平淡无奇的日子能教会我们很多东西。

　　在我看来，小事很重要。一天中需要做出决定的每件小事都可以评估失败或成功，最大的失败是债务、延迟交货、破产，等等，我们还遇到很多其他的失败。事实上，没有绝对的失败，也没有绝对的成功，相反，每一次失败都是部分的成功，如果没有失败也就没有成功。

在平淡无奇的一天结束时，细心的干部会回顾当天的所有行动和决定，评估成功或失败的程度，问自己，在这些问题中，哪些问题可以处理得更好，给出的解决方案是不是真的最好。这是一个分析和反思的过程，即使在平淡的日子里，也能积累非常有用的经验。

即使是在解决日常发生的、大多数人都没有注意到的小错误，你也可以学到很多，挑战在于如何将这些错误转化为有用的经验。如果我们每一天都不经思考地走来走去，那么人变老了，却没有获得有价值的经验。

管理者有义务分享经验，并确保员工有机会从中学习。糟糕的情况是，如果领导不让员工承担具体任务或项目，不鼓励员工独立思考，那么员工就像机器人一样只在摁下按钮时对指令做出响应。

不给员工担责任的机会是一种不人道的用人方式，

从长远来看对公司没有好处。让员工有机会发挥自己的积极性，尝试自己的想法，这是一种体验形式，可以让员工工作时更有成就感，这也是训练员工的重要方式。管理者永远不要忘记，培养员工是公司发展的基础。

CHAPTER 7

第 7 章

———

自信与谦逊，下雨就打伞

百万美元的诀窍

工商管理的精髓是可以被传授的，不同的是，对某项具体事情的诀窍来自经验，有些则是源于发现自己的天性，这更像是对真理的觉醒。

在松下电器成立之初，我每天早上都会向员工讲话，这是我训练口才的方法，也让员工知道我的所思所想。在 1934 年的第一次早会上，我说：

　　新年伊始，我很高兴看到公司取得如此健康的发展，这完全是大家努力工作的结果。然而，随着公司的扩张，管理责任也随之增加，作为公司总裁，我制定了指导方针，员工的能力是否得到重用是衡量我领导能力的重要标准，我有责任确保员工的能力得到发挥。请大家放心，公司的发展方向和经营方针是正确的。

　　尽管如此，我希望大家不要仅仅停留在"做好"上。每个人都是自己的总经理，应该时刻关注自己的管理目标，通过工作来实现目标。通过工作，每个人都将获得智慧，有新的发现。你所学到的东西，不仅帮助你成长为人，也将支持公司发展。有句格言说得好，"成功管理的诀窍值 100 万美元"。如果你真的掌握了这个诀窍，就会发现赚这么多钱并不难。

从这次演讲到现在，已经过去了大概 50 年，但我比任何时候都确信，那些掌握了成功管理诀窍的人很容易获得财富。成功管理的首要标志便是蒸蒸日上的业务。

　　以两家同样大小的咖啡馆为例，它们都位于繁华的购物中心，在正常情况下，成功或失败的机会相同。然而，如果其中一家总是门庭若市，而另一家通常是门可罗雀，那么区别就在于店长，一个店长有销售的诀窍，而另一个没有。这个道理同样适用于任何行业，无论是开店还是开公司。

　　怎么学会这个诀窍呢？这是真正意义上的技术，只不过没有被验证。工商管理的精髓是可以被传授的，不同的是，对某项具体事情的诀窍来自经验，有些则是源于发现自己的天性，这更像是对真理的觉醒。

　　在某种程度上，管理能力是可以自我学习的。找到并发展这些技能的一种方法是让管理者反思自己每天的行动和决定，看看哪些可以算作成功，哪些可以定义为失败。如果管理者坚持这个练习，直到变成自发的行为，就会发现自己的错误判断越来越少，很快就掌握了业务成功的诀窍。

同样重要的是，要始终保持开放的心态，不受个人欲望或偏见的束缚，看清事物的本质。这做起来比听起来更难，因为我们所受的教育在很大程度上塑造了我们的观点，使我们只能以局限的眼光看待事物。因此，对于受过良好教育的人来说，掌握成功管理的诀窍很花时间。尽管如此，我发现在日常生活中，尤其是在商海中，开放和自由（不被束缚）的心态是做出正确判断的关键。

深思熟虑

每个客人都有权得到平等的尊重，客人的价值绝不取决于他的个人声望或购买的数量。

创业不久，我听到一个故事，对此印象非常深刻，到现在都还记得。简单复述一下，在日本还不富裕的时候，一天下午，一个乞丐走进一家大型的老牌糖果店，想买一个日式果酱饼。店员看到乞丐的样子，吓了一跳，赶紧把饼包好，还没来得及把它交给乞丐，店老板就喊道："等一下，我给他。"接着，他把包好的饼给了乞丐，乞丐要付钱，他礼貌地鞠躬说："非常感谢您的惠顾。"

后来，店员问店老板："为什么您要亲自给他服务？您以前可从来没有给任何客人这样做过，总是由我或主管服务。"

店老板回答道："我能理解你为什么觉得奇怪，其实我们应该感到高兴并感激这么一个特殊的客人，我就是想表达我的感谢。我们重视常客，但是今天这个客人太特别了。"

"哪里特别？"店员问道。

"我们的客人几乎都很富裕，对他们来说，在这里买糖果是常事。但是对这个客人来说，买一个果酱饼就可能花光他所有的钱。我知道这对他很重要，觉得应该亲自为他服务，这就是公司的温情。"

　　这是一个简单却动人的故事，它让我意识到：每个客人都有权得到平等的尊重，客人的价值绝不取决于他的个人声望或购买的数量，我认为这是生意人真正的快乐之处，也是做生意的价值所在。

自信与谦逊

如果一个谦逊的人信心不断增强，他就会拥有坚定和积极的原则，在大多数情况下，这些原则会引导自己实现既定的目标。

无论你做什么，都要充满信心，这个品格在日常生活中非常重要，在生意往来和公司管理中更加重要。一家公司没有信念，或者缺乏信心，对社会不会有多大贡献，一个有进取心的总经理必须稳步提升公司的整体信心。

　　我们要坚持既定原则，但是无论这些原则多么重要，都不要通过强迫的方式推行，而要以谦逊为基础，没有谦逊的自信更接近傲慢。想想我们身边一些经商失败的人大都是这样，他们往往缺乏谦逊、固执己见。相比之下，如果一个谦逊的人信心不断增强，他就会拥有坚定和积极的原则，在大多数情况下，这些原则会引导自己实现既定的目标。

　　领导必须格外注意，以谦逊的态度来表达信心。当员工的态度或行为不佳时，他们会受到警告，但没有人可以居高临下地指出下属的错误、评判员工的行为，这就是为什么领导必须不断审视自己的态度。

谦逊的人能够察觉到他人的优秀之处，因此，当下属中有一个人比自己更优秀，他们立即就能识别出来。如果领导认为员工是下属，所以技能或才华不如自己，只能说明这个领导不谦逊。当然，并不是所有的员工都是优秀的，但谦逊会让领导更好地欣赏员工的优点，进而知道如何用好员工的能力。

没有什么措施是万无一失的

不确定性并不是什么新东西，没有任何人能免于对未来的担忧，我们只需要面对问题，并找到解决问题的方法。

几年前，日本有很多关于"分销"的讨论。市场上出现了大量的新产品，消费者的口味也在迅速变化，大型连锁超市在全国各地兴起。这些企业对价值分配产生了深远影响，开创了一种影响所有企业的大趋势，同时产生了一系列新的问题。

没有人能幸免，尤其是制造商。未来充满极大的不确定性，我们都对此感到不安。然而，不确定性不就是一直以来的情形吗？我认为，我们无法保证绝对安全的商业环境，不确定性并不是什么新东西，没有任何人能免于对未来的担忧，我们只需要面对问题，并找到解决问题的方法。

如果不付出巨大的努力并经受焦虑和煎熬，很难取得什么成就。当今社会的变化速度和程度令人不安，但我们不就是在剧烈的变化中找到了自己存在的价值进而找到了生活的乐趣吗？简单地哀叹命运，解决不了任何问题。另外，如果从不担心也不用面对艰苦的工作，我们就会停滞不前，管理就会松懈乏味。

世界并不平静，要让企业继续运转，就需要有坚持不懈的决心。为了公司的客户，我们应该不断更新商业模式，找到应对不断变化的世界的最佳方式，在不断努力的过程中构筑安全保障。

将军决定

　　每位管理者都能从员工的想法、反应和建议中受益，但是要想很好地利用这种反馈，管理者必须具备敏锐的判断力。

当一个决策可能影响公司的未来时，掌舵人会背负沉重的压力，正是这种责任给掌舵人的职业生涯赋予了非凡的意义。

做决定的时候要遵循的基本原则是什么？一般来说，常识和谨慎的态度在很大程度上能确保明智的决定，但在今天并不足够，我们越来越需要快速而大胆地采取行动。因此，一定的勇气和谨慎是必要的，成功的掌舵人必须知道在不同情况下的平衡点在哪里。

做出正确的决定意味着能够准确地判断形势。个人利益、名誉或者财富不能成为决定因素，相反，正确的决定取决于：不受先入为主的观点影响，要保持开放和公正的态度。这种观点从更大的公司目标出发，客观地看待形势。

决策不是凭空而出的——每个阶段都会受到很多人的影响。集思广益很重要：考虑各种观点和意见，有助于防止领导人过于武断。我们应该欣赏不同的人不同的优点，也要意识到善意的建议什么时候出现偏颇。每位管理者都能从员工的想法、反应和建议中受益，但是要想很好地利用这种反馈，管理者必须具备敏锐的判断力。

谋士的职责是制定可行战略并提交给将军，有的时候 10 位谋士（战略家）可以提出一个统一的计划，更多的时候他们会提出几个不同的计划，将军必须研究这些计划，决定哪一个是最好的，或者如何将最好的想法结合在一起，如果做不到这一点，将军就会出现战略摇摆，就会被击败。

从这个意义上说，公司的总裁就像一位将军，只有他可以为全体员工做出决定。只有总裁具备做出明智选择的领导力，公司才会成功。

最终责任

如果领导意识到自己的责任并付诸行动，那么这种态度将感染员工，并且激发员工自主工作的责任感，员工就不会一直辩解。

一家公司的成败取决于总裁，也就是掌舵人，当然，社会、政治和其他因素都会影响公司的业绩，但最终责任还是在总裁。

以员工问题为例，假设一些员工抵制总裁的指令，第一个应该受到责备的人是总裁。因为，如果总裁一开始就适当地指导员工，赋予员工一起奋斗的动力，这些员工就会以建设性的方式表达他们的意见和分歧，如果他们保持敌对行为，总裁就要反思自己的想法是否有问题。因此，作为总裁，责怪员工之前要先审视自己。

一般人陷入困境时，只会暴露出自己软弱的一面，在这种情况下，一般人都不能很好地发挥作用。例如，如果领导过于仓促地指责某个员工，或者错误地评价现状，都应该对那些为自己工作的人承担责任。如果领导意识到自己的责任并付诸行动，那么这种态度将感染员工，并且激发员工自主工作的责任感，员工就不会一直辩解。一家每个员工都对自己负责的公司，业务必将得到发展。"努力工作，你会得到回报"，这句格言将在公司变得鲜活生动。

　　简而言之，不管是经营一家小店还是管理一家大公司，每个员工都应该意识到自己的责任。只有总裁把最终的责任扛起来，自主工作的态度才能深入人心。

终生职业

企业的领导人必须为公司找到其他存在的理由，这需要理想和使命感。这种理想和使命感会不断激励领导人，帮助其更有资格指导和激励员工。

好的领导人在工作中必须有强烈的信念和使命感，培养和保持这种品格并不容易。就我个人而言，在开始创业的时候，我把所有的一切都投入到工作中，只是为了维持生计；随着时间的流逝，公司的员工越来越多，我开始感到不安，因为所有人的日常工作只是在例行公事，没有特别的目的。我开始相信，企业的领导人必须为公司找到其他存在的理由，这需要理想和使命感。这种理想和使命感会不断激励领导人，帮助其更有资格指导和激励员工。

　　从那时起，对于公司应该成为什么样的企业，我形成了自己的基本信念，并带着使命感工作，这对我产生了巨大的影响。我经常和员工谈论公司的使命，希望员工也能有相同的信念。因为理想，我一次又一次陷入痛苦，也一直试图妥协，但每一次我都会凝聚力量来坚持我的信仰。尽管这意味着必须做出一些艰难的决定，但每经历一次，我都对自己的使命更加确信，对自己的信仰更加坚定。

在我看来，一个非常自信的人实际上对自己并不那么确信，需要培养对自己和自己正在做的事情的信心，这只能通过不断地自我批评和自我激励来实现。如果自信的人每天都在工作，那么当必须做出重要决定时，坚定的信念将给他有力的支撑。无论一个人做什么工作，"做好工作"就意味着长期的专业训练和追求完善的自我——这是我们终生的职业。

下雨就打伞

下雨就打伞，不然就会淋湿，这是对自然现象的自然反应，业务成功发展的秘诀也在于在常识的基础上，以一种自然的、非强迫的方式运作。

差不多 20 年前，在我卸任松下电器总裁（社长）并成为董事会主席（会长）后不久，一名年轻的新闻记者为一篇文章收集材料，希望见我。他以一个奇怪的问题开场。"松下先生，"他问，"您的公司发展得如此之快，令人难以置信，在您看来，您成功的秘诀是什么？"

我一时不知该说什么，如果说松下电器的繁荣之路有什么"秘诀"，我真想不出用哪几句话来形容。我突然有一个想法，就问年轻的记者："如果遇上暴雨，你会怎么办？"这个看起来无关紧要的问题使他大吃一惊，他犹豫了一下，想着该怎么回答，最后，他给出了正确的答案："当然，我会拿出一把伞。"

"对，"我说，"下雨就打伞，这是业务和管理成功的秘诀。"记者看上去更困惑了。

下雨就打伞，不然就会淋湿，这是对自然现象的自然反应，业务成功发展的秘诀也在于在常识的基础上，以一种自然的、非强迫的方式运作。例如，在销售的时候，合理的做法是综合考虑时间、地点和环境来恰当定价。有利润，还必须有销量。如果产品卖得不好，通过牺牲利润来强力推销是不合理的，给点儿时间，直到以自己再次定出的合理价格卖出，这就像下雨就打伞一样自然。如果我们坚定不移地遵循这一原则，而不轻举妄动，那么它将自然而然地确保业务和管理的成功。

尽管下雨就打伞时我们不会三思，但在业务和管理中自然而然地对应似乎要困难得多。很多时候，我们会因为错误的判断而做出错误的决定，因为我们很容易让自私的动机凌驾于常识之上，很快就发现自己在雨中没伞可打。

许多老板试图用低于成本的价格销售产品来打击对手，使同行在被迫亏损的情况下举债经营，这些都是错误的商战招数。为了获得利润，企业必须以高于成本的价格销售商品。在借钱之前，明智的老板会回

收所有的应收款，只有在收齐应收款之后发现确实需
要贷款，才会向外借钱。这是合乎逻辑和常识的操
作，也是大自然的常态，不仅在公司经营上，在许多
其他活动中，忠实地遵守这些简单而自然的原则是事
业成功的关键。

NOT FOR
BREAD ALONE

| 第二部分 |

CHAPTER 8
第 8 章

知所进退，不过度逐利

无惧失败，
年轻人的勇气和信心

对失败的恐惧会使你停滞不前，会阻止你尝试任何新事物，会让你失去个人成长的机会和良好的人际关系。

如果即将做出一个可能改变人生方向的决定，你该如何处理？

事实上，每个人在一生中都会有这样的关键时刻，不能随便做决定。这是因为你的决定会影响到周围的很多人，往错误的方向走下去可能会让他们付出与你同样高昂的代价。对失败的恐惧会使你停滞不前，会阻止你尝试任何新事物，会让你失去个人成长的机会和良好的人际关系。

1917 年 6 月，我 22 岁，从工作了 7 年的大阪电灯公司（现在的关西电力公司）辞职，开始创业。那个时候离开公司相当于今天很多年轻人放弃有保障的工作，冒险去做更有价值的事情。很多人认为我的举动是愚蠢的，但是我认为自己选择了一条全新的道路，这样做我有三个理由：①对打工生活的不满；②父亲对我说过的话；③一项发明——我发明的一种新型电灯插座。

公司没有问题，待我也很好，事实上我已经从一名普通安装工晋升为检查员，那个职位的工作条件也很好。也许是太好了，我可以在半天内完成一天的任务，可以按照自己很舒服的方式安排剩余的半天，这么理想的工作状态很少见，我还能要求什么呢？

一开始我觉得自己很幸运，当了一两个月的检查员之后，我变得焦躁不安。我年轻且精力充沛，我想要一个可以全身心投入的工作，一个需要不断创新的工作，而消磨半天的时光很乏味，这让我恼火。这是个人目标和挑战的问题，对我来说，在公司处在一个令人羡慕的轻松岗位是不够的，我想要令人兴奋的工作，把所有的一切都投入其中。

我决定辞职的第二个原因是父亲很久以前给我的建议，当时我是一家自行车店的年轻学徒，有人建议我离开自行车店，在大阪邮政储蓄局找一份初级职员的工作。母亲和我都认为这个主意不错，但是父亲反对。"自己创业吧，那将是你最好的选择，"父亲对我说，"如果你成功了，就可以聘用真正合格的人为你工作。如果满足于做一名基层员工，你将一事无成。"我从来没有忘记父亲的话，再也没有提去邮政储蓄局的事情，离开自行车店之后，我开始在大阪电灯公司工作。当我从大阪电灯公司辞职的时候，父亲已经不在人世，从那以后我多次回味，父亲的话是多么正确啊。

我决定辞职的第三个原因是我设计的电灯插座在公司没有机会变成产品。在做布线相关的工作时，我一直在设计插座，当时广泛使用的是标准插座，我想开发一种更方便、更多用、更安全的插座，最后我真的设计出来一种经过改进的新插座。

有一天，我自豪地把自己设计的插座交给主管，希望公司能考虑生产这个产品，他断然拒绝了。"我们绝对不需要这样的东西。"主管不屑一顾地说。我被彻底激怒了，他虽然是主管，却分不清好插座和坏插座。被拒绝后我非常难受，后来我意识到这个设计确实还不够完美，但是当时我对它非常有信心，真的很想看到它被生产出来、被人们使用，遭到拒绝对我来说是一个沉重的打击。

我总想要做一些积极的事情，于是从这家有名的公司辞职，辞去一份很好的工作，开始自主创业。当然，在大阪电灯公司工作了 7 年，对公司有强烈的依赖感，对未来也有些不安：我能成功吗？尽管很焦虑，但我毕竟是 22 岁的年轻人，充满了年轻的乐观主义。我对成功的渴望比对失败的恐惧更强烈，即将进入一个全新的世界，经历全新的体验，太令人兴奋了。另外，如果创业失败（虽然我认为这个可能性很小），但我还可以回到老东家，在那里工作一辈子。这些想法撑起了我继续前进的决心，也让我对不确定的未来不再那么恐惧，让我有勇气开始全新的、独立的生活。

事实上，从一开始就有很多艰难的时刻，但是我没有走回头路。业务开始增长，有的时候风险看起来令人害怕，我心里明白，人总是可以从失败中获得很多。有一次，有个人问我如果失败了该怎么办，我立刻回答："那我就开一家拉面店，做城里最好吃的拉面，让所有的客人都满意。"

坚信没有失败这回事，给我的生活注入了勇气和信心。

命运变幻莫测，
不要匆忙做决定

永远不要冒着犯大错的风险匆忙做出决定。

我们毕竟是常人，根本不知道解决问题的方法，年轻人尤其如此，几乎没有决策的经验。

　　1919 年年底，我给大阪电灯公司的老同事安藤打电话，他建议我们一起创业。"既然你能成为一家公司的经理，为什么还要自己努力工作呢？可以借一些钱，我的亲戚朋友有钱，我可以很快筹集 25 000 ～ 50 000 美元。我们为什么不联手呢？这样就能把生意做得更大。"

　　安藤的诚恳态度打动了我，我开始觉得和他一起创业可能更好。共同努力，我们能做 30 人能做的事，而不是一个人努力做 10 个人的事。"给我几天时间考虑一下，我再来找你。"我回答。

　　我仔细考虑了安藤的建议，但不知道该怎么办，权衡所有的利弊都无法判断哪一个选择更好：和他联手还是自己单干？这种犹豫和焦虑持续了两三天，最后也没有结论，我沮丧地向安藤的家走去。

安藤问的第一句话是："下定决心了吗？如果你愿意，我明天就辞职回老家。我可以从 10 个亲戚那里每人借 2500 美元，这样就有 25 000 美元，你觉得呢？"安藤催我下决心，甚至想迫使我做决定，可是我当时只有 1 年的从商经验呀。我对未来毫无想法，简单地说，我像孩子一样天真无助。最终我向安藤屈服了，虽然我还是对整件事感到不安。

回到家，我更加不安了。这太仓促了，我没有充分考虑安藤的性格、能力甚至可靠性，就决定跟他成立一家公司，他真的能这么容易地筹到这么多现金吗？他的保证也太过随意和不切实际了吧，我开始对整件事情产生怀疑。

没过多久，我就得出结论：还是自己单干，哪怕公司不会干得很大。我为违背诺言感到难过，接下来两三天的时间我什么事也没做，最后觉得实在不能再拖了，才再次去见安藤。这次我感到的不只是沮丧，还有内疚。

　　到了安藤家，他老婆跟我打招呼，告诉了我一个令人震惊的消息：安藤先生在我上次来访的第二天感染了急性肺炎，两天以后就去世了。没有通知我参加他的葬礼，安藤夫人忙不迭地道歉，因为她找不到我的地址。我非常震惊，命运用它难以捉摸的手一下子取消了我的诺言，如果这一诺言得以兑现，今天的松下电器也许就不会存在了。

　　我花了好长一段时间才消化了这一切，终于明白了一个令人警醒的真相：永远不要冒着犯大错的风险匆忙做出决定。当然，做决定也不能太慢，不然又会失去宝贵的机会。不管怎么说，永远不应该在只有部分说服力的情况下做出决定，需要考虑所有可能的情形并完全确信再做出最终决定。

创新挑战，用事实影响客户

如果一个人消除了所有风险，他也永远不会取得很大的成就，如果他能够在某些关键时刻无视风险、迎接挑战，那么一条新的道路必将打开。

做任何业务都有风险，在某些情形下风险是致命的：公司走到死胡同，最终破产。我认为明智的做法是尽可能避免风险，但是在某些情况下风险又是合理的。

1923 年 3 月，松下电器开始生产炮弹型电池式自行车灯。当时市面上的自行车灯有三种：蜡烛灯、煤气灯和一种电池供电的灯。这三种灯都有些问题：蜡烛灯容易被风吹灭，骑车的人不得不下车再次点亮蜡烛，这让人很恼火；煤气灯操作复杂，价格太贵；而刚刚上市的电池供电的灯还处于很原始的状态，而且只能照明两三个小时。

我开始考虑怎么改进电池供电的自行车灯，这是一个很适合我的项目。我做了几个样品，但都不是我想要的。我花了 6 个月，试验了大约 100 多个规格，最后我终于做出了一个合适的型号。这是一种炮弹型的电池供电的自行车灯，封装在木质外壳里面，我坚信一定会有市场，因为它的使用寿命长达 30 ～ 50 个小时，是市场上任何一款灯具使用寿命的 10 倍多。这个灯代表着巨大的进步，是一个划时代的产品，更重要的是它比蜡烛灯还便宜。我认为这个灯一定会大卖，于是决定大规模生产。

就在我搞销售活动的时候，却遇到一个出乎意料的问题：我的潜在客人根本没有为长寿灯做好心理准备，他们确信任何电池最多使用两三个小时，他们根本不相信我，经销商和店老板的反应也是一样的。当我解释这种灯跟以前的灯完全不同时，他们摇摇头说："恐怕不行，谢谢。电池式自行车灯就是卖不出去，还是带回去吧。"

我目瞪口呆，心烦意乱，这太讽刺了。我知道我的灯更好，我认为这款灯会受欢迎，却被人一口拒绝，我觉得他们太愚蠢了。等我冷静下来的时候，才开始发现我做得还不够，我没有让买家发现这种灯到底有多好。显然，光靠嘴巴说是不够的，只有亲眼看到这种灯有多么与众不同，人们才会改变主意。我必须快速行动！工厂正在生产，仓库里都堆满了我的灯，我必须联系大量的客户，一刻也不能耽搁！

最后我想出了一招：雇几个人带着新的灯去所有的自行车店。我们把这些灯打开，放在商店的显眼处展示，只要电池持续，这些灯就会持续发光。这样一来，经销商和客人都不得不注意这种长寿灯有多持久。

我们冒了很大的风险，因为样品是免费的，不要求销售，商家也没有购买的义务，不能保证我们能从中得到任何回报。对于一家小公司来说，这样大面积地派发免费样品是一场大赌博：如果这些灯卖不出去，那就意味着我的产品和销售策略都失败了，除此之外我还会烧掉我的投入——这就会结束我的创业。

这是一个巨大的挑战，我诚惶诚恐地接受了它，这是我不得不打的唯一一张牌，同时我坚信我的产品有竞争力，一旦让买家知道它的好，我坚信销量一定会好。我想起那句谚语，"不入虎穴，焉得虎子"。如果一个人消除了所有风险，他也永远不会取得很大的成就，如果他能够在某些关键时刻无视风险、迎接挑战，那么一条新的道路必将打开，所以我要冒这个险。

　　这个故事有一个美好的结局，我的赌博得到了回报，商店看到新的灯经受住了三四十个小时的连续考验，开始向客人推荐，订单蜂拥而至，经销商也接连下单，新的自行车灯在全国范围广受欢迎。这段经历验证了那句古老的谚语，"不入虎穴，焉得虎子"，即使是现在，每当我面临困难的决定，这句谚语还是会给我勇气。

适度利润，适度经营

过分追求利润会使我们掉进过度竞争的泥潭，最终损害各方利益。

贪婪是人性的一部分，在市场上，有利可图的事情人人都想做，然而一旦演变成过度竞争，失败的一方会因为破产而坠入深渊。这么多年来，我们对激烈竞争司空见惯，其实这既没有必要，也对任何人都没有好处，我们确实不应该过度竞争而使某个企业破产。

大概是 1925 年，在去松下电器东京分公司的途中，我看到一些刚刚上市的无线电设备。在一次展览会上，我第一次看到真空管，分公司经理告诉我，真空管在东京的销售额正在缓慢上升，公司也许应该尝试在大阪销售。我对这些真空管很感兴趣，认为它们会畅销，于是请分公司经理与厂家协商进货事宜。

可是制造商是家小厂，老板说工厂无法满足我们提出的额外产量，我决定预付 1000 套的货款，条件是工厂尽可能多地向大阪出货。

松下电器在大阪的批发商对真空管非常热情，真空管在当时很受欢迎，需求远超供应。最终，松下电器在五六个月内就获得了可观的利润。

其他厂家闻风而动，在很短的时间内，市场上充斥着真空管，价格一路下跌。我意识到，按照这个速度，我们的利润率很快就会变得极低，意外之财不见了。

怎么办？应对之策是不能着眼当前，而应该放眼未来。我取消了所有的真空管订单，从某个角度看这太愚蠢了，因为它们非常热销。形势的变化是显而易见的，从最务实的角度来看，我们已经在一次冒险中获得了非常可观的利润。

我通知了厂家和批发商，厂家非常高兴，因为他们现在可以直接向松下电器以外的批发商供货，批发商也没有异议。四五个月以后，已经下跌很多的真空管价格突然再次大幅下挫，相关公司陷入了严峻的财务困境。

这个简单的事件让我明白了时间的重要性，还有适度经营的重要性。这也是过度竞争陷阱的一个范例，过分追求利润会使我们掉进过度竞争的泥潭，最终损害各方利益。

不断改进产品，创造需求增长

所有人都希望提高生活水平，如果能以大多数人都负担得起的价格生产销售商品，那么产品的需求量就会增长。

所有从事制造业的人都致力于生产高质量的商品，并以低价销售，尽管这很难做到。提升质量会增加成本，不可避免地需要提高价格。保持低价意味着要么牺牲质量，要么保持质量但是要扩大生产和销售规模。问题是：我们通常很难预测某个产品会不会大卖。

　　松下电器在 1927 年 1 月增加了一个电热部门来设计和制造电熨斗，当时日本每年对电熨斗的需求量不到 10 万台，电熨斗的价格很高，大多数家庭主妇都买不起。

　　松下电器设立的新部门致力于生产质量可靠的电熨斗，用合理的价格销售，让更多的家庭在日常生活中受益。用尽可能低的成本生产电熨斗会弄巧成拙，因为这会使家庭主妇对低劣的质量感到失望，松下电器的电熨斗一定要比市场上的传统电熨斗质量更好，而且要便宜 30%。

　　在讨论生产的各个方面时，我们发现关键因素是数量，考虑到当时对电熨斗的总需求量大概是每月8000 台，能不能用新的设计每月生产 10 000 台而且全部卖出去？除了已经上市的一些电熨斗，松下电器是不是希望每个月销售更多的产品？常识告诉我们，公司正在追逐一个几乎不可能的目标；市场需求不会一夜之间翻番，整个项目风险太大了。可是，生产数量过低又无法实现规模经济，我们不得不调高价格，这样一来买得起电熨斗的家庭又会减少，这将违背我们的初衷。

员工想出了一个新的设计，4 个月后，松下电熨斗出现在市场上，零售价比传统电熨斗低 30%。结果是令人振奋的，客人对质量和价格都很满意，我们不仅达到而且超越了最初定下的每月 10 000 台的销售目标，需求存在天花板的问题在客户看到新产品的时候就自然解决了。

如果价格合适，好产品就会畅销——这是真理。决定因素就是人们对产品的信心，我对此深信不疑，因为可以预见巨大的潜在市场需求。我本来可以假设不会有对电熨斗的大量需求，因为目前每个月的销量低于 10 000 台。恰恰相反，我预测的是：如果电熨斗令人望而却步的价格降低了，需求量将大幅度增长。

我还是不知道怎么预测需求，我知道的一点是：所有人都希望提高生活水平，如果能以大多数人都负担得起的价格生产销售商品，那么产品的需求量就会增长。

当然，人与人之间存在差异，但是如果对进步的渴望是所有人的本能，那么需求和新产品将是不受限的。这是一种态度或者说是一个信念，这个信念支持厂家不断改进产品，使这些产品造福社会，使人们的日常生活更加美好。

全身心投入才能经营好

一旦犯了错误，我们必须首先承认错误，然后反思错误为什么会发生，并根据错误的原因尝试纠正或弥补它。

每个人都会犯错误，这是人之常情。然而，重要的不是错误，而是如何对待错误。我们可以否认失败，也可以假装忽视失败，但是消极的防御态度并不能帮助我们成为一个成熟的、负责任的人。

　　一旦犯了错误，我们必须首先承认错误，然后反思错误为什么会发生，并根据错误的原因尝试纠正或弥补它。这是一个艰难的过程，但它可以帮助我们避免重蹈覆辙，也是帮助我们成长的一种方式。

　　记得 1927 年松下电器成立电热部门后不久，发生了一件令人羞愧的事情。这个部门的第一个产品是电熨斗，也就是所谓的超级电熨斗，质量高，价格合理，这个产品很受追捧。事实上，在 1930 年它就被工商部提名为"优质家电"。

　　奇怪的是，电热部门没有赚到钱。我想知道这是为什么，也想知道我们的业务规划和营销策略是否正确。在仔细研究了新部门的运作后，我得出结论，问题出在管理上。

在名义上，电热部门由松下电器管理，事实上是由我的朋友兼合伙人竹山先生（化名）和松下电器的一名工程师共同管理。我对这个部门不够关注，而竹山有一家米店，之前没有电器方面的经验。他在管理自己商店的同时，还负责电热部门，因此，竹山对新项目的关注度只有一半，这就是问题的根源。

随着电热部门盈利低迷的原因越来越清晰，我发现不得不中止合作关系，亲自把全部精力投入到这个新项目中。可是，要一位老友辞职确实很难，尤其是他已经尽了最大努力。但是没有办法，这是拯救这个新部门的唯一途径。这一切都不应归咎于竹山，这是我的错误，我必须纠正它。

我立刻把我的决定告诉了竹山。"没有尽可能多地帮助你，在这种情况下让你负责，这是我的错误，"我说，"如果我对新部门多加关注，你就可以毫不费力地管理它。这么糟糕的表现，要由我承担责任，现在我要集中精力，让你也有更多的时间处理自己的业务。"

可是竹山不愿意离开，所以我建议他成为松下电器的员工，竹山欣然接受了，我非常高兴。电热部门恢复了，我们在产品线中增加了新的电热器和电暖脚器，为部门的进一步发展奠定了基础。

我们必须意识到要为自己的错误真正负责，承认错误就应该尽快改正，虽然这并不容易。

CHAPTER 9

第 9 章

家国情怀，贡献和平

凝聚人心，共渡危机

公司的未来在于发展，哪怕只解雇一名我有幸雇用的员工，都违反了公司的政策，也违背了我的意愿！应该有一个不需要巨大牺牲的替代方案！

努力保持正确并不容易，当一直认定的假设遭遇挑战，清晰的选择就会变得混乱。要不断检查当前的方向，确保方向基本正确。

1929 年年底，由于生意非常糟糕，松下电器被迫考虑一项可能对公司和许多人造成严重伤害的重大举措。危机中，领导层除了选择把员工人数减半，别无他路。但是这样的举动违背了最基本的原则和公平。

这场危机源于一个公告，也就是即将在日本解除黄金禁运的消息。市场突然萎缩，销售额暴跌，无数工厂关门，银行挤兑，破产案接连发生，各个地方的公司都在削减工资和裁员，全国劳资纠纷频发。

同时，由于销量下滑，松下电器的仓库里堆满了没卖出去的产品，销量还不到平时的一半。到了 1929 年 12 月底，也就是公告发布后不到一个月，仓库堆满了产品。如果有更多的资金我们就可以应对困境，从当时的情况来看，如果不立刻应对公司可能会破产。

更复杂的是，当高层干部和我讨论如何让公司摆脱困境的时候，我碰巧患了肺病躺在床上，简单地说，他们希望通过将员工减半来实现减产。从理论上讲，他们的解决方案是明智的，如果我是一个中层经理，我会选择支持。可是在我批准任何行动之前我会思考：这样一个可怕的举动会带来什么后果，这是否符合公司承诺的"正确"道路。是的，我们遇到了严重的困难，唯一的补救办法就是让一半的员工加入失业大军吗？

公司的未来在于发展，哪怕只解雇一名我有幸雇用的员工，都违反了公司的政策，也违背了我的意愿！应该有一个不需要巨大牺牲的替代方案！

实际上，我们必须解决两个问题，一个问题和生产有关，我们不要维持目前的产量就可以继续经营下去，怎么在不裁员的情况下削减产量呢？解决办法就是：员工只工作半天，将产量减半，但是要全力以赴地工作这半天。这会带来额外的损失，但这只是暂时的。另一个问题是找到一种快速清库存的方法，因为这些产品不应该长期滞留在仓库，我们必须全力以赴。干部们提出了几个建议，我仔细考虑了这些想法，然后宣布了一个不合常规但值得一试的解决方案。"从今天起，我们将减产一半，"我告诉大家，"但没有人会被解雇！我们将工作半天，但是每个人还是拿全天工资！"同时，我要求公司的每个员工在所有的空闲时间包括节假日，都出去推销积压的产品。

员工们热情地接受了这个安排，当我们将决定通知工厂员工时，他们欣喜若狂。受到这种不同寻常方式的鼓舞，所有的人都积极配合，两个月后仓库被清空了。不久，松下电器的工厂恢复正常，全天候生产。即使这样，也难以满足不断涌来的订单需求。

如果销量降到一半，那么产量和相应的劳动力也必须减半，这是合乎逻辑的。但这个模式并不人

道，是不对的，因为裁减员工牺牲了人心。当产品
卖不动的时候，公司应该将所有资源投入到扩大销
售中，直到把问题解决，而不应该采用可能造成永
久性损害的短期解决方案，正直的管理者不应该这
么做。

真正的客户第一

陷入困境时不应该浪费时间对该做的事情犹豫不决，应该立即投入工作，直到找到解决方案。

决心不是对狭隘观点的顽固坚持。坚持自己的立场而忽视别人的观点是有害的，不幸的是这种情况经常发生。如果自己的立场与别人的利益之间的冲突过于激烈，你就会失去平衡，事情就会开始出错。考虑别人的利益是很重要的，这一点知易行难。

　　1930 年，松下电器开始销售收音机，这种收音机在日本越来越受欢迎。当时的收音机有各种各样的故障，没有什么比收音机出故障变得哑火更让我恼火的事情了。市场上有很多抱怨，以至于经销商敦促松下电器赶紧生产收音机。

　　我相信高质量的收音机是社会必需品，但是有一个问题：我们在无线电生产方面没有经验。一种方法是请一家公司生产收音机，用松下电器的品牌销售。经过长时间的搜索，我们找到了一家看上去很适合我们的 K 工厂，和他们签订了一份生产收音机的合同。

结果是灾难性的，一批批次品开始源源不断地运回我们身边，堆在松下电器的仓库里。经销商们感到震惊，我也很震惊：我们本来对 K 工厂的工作充满信心啊！

大喊大叫没有用，我开始挖掘问题的原因。事实证明，这些问题都很小，都是工作马虎导致的螺丝松动或管子安装不当，这些问题很容易解决。但是为什么会有这么多退货呢？我们的经销商没有处理收音机的经验，也不了解它们是如何工作的。相反，在这之前 K 工厂收音机的其他经销商都已经对产品有一定的了解，那些经销商对工厂发来的每一台收音机都再次检查，必要的就修理，K 工厂已经打造了一个很好的系统，保证很少有收音机退货。

松下电器的销售渠道主要在电线领域，销售人员对收音机一无所知，因此，工厂提供的任何东西都直接卖给客户，客户发现有故障就直接退货。显然，我们不应该利用常规的渠道来销售收音机。

那怎么办呢？如果不能走松下电器现有的销售网点向客人提供没有故障的收音机，我们可以选择 K 工厂经验丰富的经销商，他们可以先检查收音机，问题是：松下电器现有的经销商催促我们生产收音机在先。将心比心，松下电器不能简单地抛弃合作了这么久的人，转而选择 K 工厂的经销商。

　　唯一的解决办法就是制造没有故障、不需要维修的收音机，这样松下电器的经销商就可以没有顾虑地销售。我们应该通过改进产品来满足客户，而不是要求客户接受我们提供的任何东西，应该把客户放在第一位，这一条是我们经营的原则。

　　所以我要求 K 工厂生产不需要修理的收音机，当这个要求被证明无法实现时，我们终止了和 K 工厂的协议。现在没有搭档了，工作回到了原点，松下电器不能放弃收音机业务，因为我们已经做出承诺。我决定：收音机全部都由我们自己来做。我要求研发部门设计一台性能良好而且坚固的收音机。没有收音机设计经验的技术人员不堪重负，工程师中尾哲二郎抱怨说："这不可能做到！即使能做到我们也需要时间。"

我同意了，但不能回头，也不能让客户等太久。我们采购了必要的设备，我告诉中尾："我们被逼得走投无路，没时间可浪费了。我们可能没有经验，可是全国各地的业余爱好者都在用市场上买来的零件组装他们自己的收音机，我们有实验室和设备，你可以比他们做得更好，为什么不试试呢？当事情必须在短时间内完成，一定会有一闪而过的灵感，如果你真的努力，我相信你一定会成功！"

中尾想了想，回答说："好吧，让我们试试！"工程师们立即开始工作，夜以继日地做了三个月，在这期间，工程师们做出了一个性能非常好的模型。碰巧NHK⊖正在举办一场广播比赛，为了获得经验，我们带去了松下电器的新产品。想象一下当得知获得一等

　　⊖　NHK，日本广播公司。

奖时，我们是多么惊讶！

　　这件事告诉我，陷入困境时不应该浪费时间对该做的事情犹豫不决，应该立即投入工作，直到找到解决方案。客户至上，是我们在制造收音机时遵循的原则，松下收音机在今天仍然很受欢迎。

明确公司的使命

松下电器的使命在于制造有助于改善人们生活的产品，让产品丰富而且价格合理，以至于没有人说买不起。

缺乏目标意味着失去生活的意义和动力。有目标，在日常生活中就有一个参照物，目标定义了我们的责任，这是一种自我激励，促使我们去做一些让每一天都充满活力的事情。如何确立人生的总体目标？以我的经验，很少有人非常清楚地知道自己的人生目标。

　　1932 年，我找到了自己的人生使命。一位朋友也是我的客人带我体验社团活动，参观精美的建筑。的确，它们闪烁着耀眼的光芒，一尘不染，我对此印象深刻。

　　当我得知这些建筑都是成员们自己建造的时候，不禁肃然起敬。我们参观了一所学校、一座图书馆和一家锯木厂。在锯木厂，建筑的木材被砍下来，人们平静而勤奋地做着木材加工的工作，气氛跟城里的锯木厂完全不同。不知怎么，这激起了我的崇敬感。

　　坐火车回家，我回忆着当天看到的一切。经济衰退往往使企业停滞不前，但是部分社团活动似乎一直稳定而繁荣，这两种情形有什么区别呢？是不是这些活动给人们带来了精神上的平静，进而得到尊重和发展？工厂不是为精神服务，我们供应的是生活必需品。社团和公司以不同的方式为人们服务，两者都很重要呀。

此外我认为，工厂生产不是为了满足自己的需求，而是为了满足社会的物质需求。在这方面，我们做的事情同样有尊严，这不仅仅是工作，而且是帮助人们，是一项有社会价值的活动，我们应该努力工作，履行好工厂的职责。

我越想越兴奋，我发现了自己的人生目标！那个时刻，我下定决心要积极地追求这个目标。当时我突然意识到，松下电器的使命在于制造有助于改善人们生活的产品，让产品丰富而且价格合理，以至于没有人说买不起。俗话说得好：贫穷比肉体所承受的一切疾病都更悲惨。消除物质贫困可以减轻痛苦，进而给人类精神带来慰藉。正是这次经历和思考，我找到了自己作为一个商人的使命，这个使命一直在指引我的经营。

我想向员工传递我的理念，向他们传达为实现这一目标而共同努力的重要性。1932 年 5 月 5 日，我召集所有员工，告诉他们我这次的经历和感悟，我的整个观点最后转化为一个明确的目标。为了纪念这一时刻，我宣布把这一天作为松下电器的成立日，并举行一个特别的仪式。演讲结束后，很多员工走上讲台，热情地表达支持，整个大厅被一种新的渴望包裹着，松下电器终于找到了对社会的使命！

不信邪，坚定自己的选择

人们暗示松下电器是轻率和傲慢的，我在公告中也承认这一点，我认为这是回应公众批评的必要条件。

人们很在乎别人对自己的看法，常常无法克制地想知道对方的评价——赞美还是批评。这当然可以理解，尤其是当某些事情影响重大的时候。当涉及重要的事情，无论对方是说教、训诫还是闲聊，都会影响一个人的信心。

1933 年，当松下电器把公司搬到大阪郊区的门真地区时，我意识到轻率地评论到底多么有害。搬迁引发了很多关注，这不仅仅是设立另一个办公地点的问题，我们正在搬迁整个总部，还计划在这一带新建几个工厂，来满足产品品类不断增长的需求。我们在大阪找不到合适的地点，于是决定选择门真地区，在那里还买了地皮建立员工培训基地。

可是，当宣布这一行动的时候，松下电器受到广泛的批评，主要是因为对时机的错误判断。外部评论说，大萧条过后大规模扩张还为时过早，在这么多其他公司勉强维持生计的情况下，如此"炫耀地"扩张是"不明智的"。我们还被警告，位于大阪东北部的

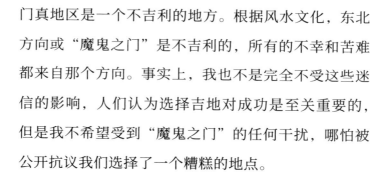

门真地区是一个不吉利的地方。根据风水文化，东北方向或"魔鬼之门"是不吉利的，所有的不幸和苦难都来自那个方向。事实上，我也不是完全不受这些迷信的影响，人们认为选择吉地对成功是至关重要的，但是我不希望受到"魔鬼之门"的任何干扰，哪怕被公开抗议我们选择了一个糟糕的地点。

当然我也会感到不安，可我们在大阪找不到更合适的地方，门真地区真的非常适合建新厂和办公地点，一大片土地就可以保证未来的增长。即使那里被认为是一个不吉利的地方，我也不准备放弃它而另觅他处，不能屈服于迷信和民间传说。

后来我又突然想到：如果东北方向不吉利，那么整个日本，无数岛屿都在东北—西南弧线，也一定是不吉利的。如果认真对待"魔鬼之门"的禁令，我们就应该离开日本。门真地区所在的东北方向可能是一个不吉利的方向，我们可以忽略它，一切都会好起来的。我松了一口气，对这一举措挥之不去的疑虑瞬间消失。

至于对我们"挥霍无度"和"鲁莽"的指责，很大程度上是因为松下电器获得资金的方法被认为是不太厚道的：在其他企业缺乏资金苦苦挣扎的时候，我们从银行大量贷款。如果没有银行贷款，松下电器当时就不可能扩张，当时从银行贷款被认为是极不健康的商业行为。我知道必须向批评者们证明不是我们不厚道，而是因为银行对松下电器有信心，在没有抵押品的情况下借钱给我们。

我理解松下电器在这一点上遭到的谴责，并试图在新基地启用的时候发布正式公告，解释我们的立场并消除疑虑。

松下电器还很年轻，正在尽一切努力，全面、良好地执行很多项目。目前，松下电器的承诺远远超过履行承诺所需要的资源，我们依赖外部资金。松下电器作为一家公司，生存能力足够强大，能够承担债务并继续成长。

这段话是针对背后流传的关于松下电器潜在偿付能力的谣言。我想，这番话就像一个人承认自己的罪行，同时谦卑地减轻法官的压力。人们暗示松下电器是轻率和傲慢的，我在公告中也承认这一点，我认为这是回应公众批评的必要条件。

尽管这样，我能够自信地抵挡批评人士攻击，还是因为公司的管理给了我足够的信心，我可以对公众诚实地表达想法。后来，出席典礼的几位嘉宾透露，我的发言令人惊讶同时令人印象深刻。如今，门真地区仍然是松下电器的总部所在地，也是研发中心所在地。我并不认为我的远见卓识比运气好，事后看来，我很高兴自己坚持了最初的决定，尽管公众对我的决定有批评还有不满。

事业部制，独立自主经营

一个人如果不能发挥自己的创造力，就很难调动起兴趣和热情，这就是为什么干部应该牢记"把责任下放给下属"的重要性。

如果说明书很详细，那么你只需要遵循，没有必要主动思考。总是按照别人的指示生活可能很容易，但也很乏味，最终你会受到阻碍。一个人如果不能发挥自己的创造力，就很难调动起兴趣和热情，这就是为什么干部应该牢记"把责任下放给下属"的重要性。有责任感的员工会尽自己最大的努力支持公司的目标，并为其他员工创造宝贵经验。

　　1933 年，在松下电器当时的管理架构下，对公司经营保持充分的控制变得越来越难。前一年我们搞了正式的就职典礼，公司在明确的职责下稳步扩张，松下电器有了更多的业务和新的产品线，销售和计划部门在扩大规模，新工厂和销售大楼也在规划中。为了应对增长所需要的所有业务，松下电器采用了一种新的管理架构，允许我将工作授权给员工。

　　实际上，松下电器当时规模还很小，我可以通过监督每个部门经理的工作来管理它，如果我身体健康的话，没有必要建立新的体系。但我当时的健康状况不好，不能参加所有必要的部门经理会议。当然，他们本来就可以独立管理自己的部门，可是业务的增加意味着要有更多的职能，要处理更多的问题。对我来说，定期和经理见面比以往任何时候都更重要，但是因为生病，我几乎帮不上忙。整个公司的效率正在下降，必须采取一定措施。我希望经理们在没有我的情况下能够自己对工作做决定，在紧急情况下我可以提供帮助，但是要每天都提供帮助这肯定做不到。

这意味着每一位经理都必须像独立公司的负责人一样自主工作，我决定把整个公司切分，让一名董事主管一个业务部门，即事业部。前任部门经理将成为事业部负责人，独立负责事业部管理。虽然以前销售经理只负责成品的销售，新的事业部负责人将负责规划销售计划、开发生产新商品，甚至负责财务。事实上，每个事业部都像一家独立的公司一样运作。

事业部制从 1933 年 5 月开始实行，第一事业部负责无线电，第二事业部负责灯具和电池，第三事业部负责布线工具、合成树脂和电热器具。由于每个事业部新上任的负责人都充满工作热情，员工们深受感染，重组后的架构比预期运转得更好。董事们努力工作，每个事业部都在发展壮大，在他们的领导下整个公司繁荣兴旺起来了。

贡献人类，
通过繁荣实现和平与幸福

战争及其所带来的灾难不是自然现象，它们是人类的制造。因此，如果我们想消除人类的痛苦，就必须首先理解"人"。

人们可以用不同的方式思考和行动，并形成很多不同的态度。人们有的时候会以建设性的方式积极地思考和行动，有的时候会以破坏性的或者是消极的方式思考和行动，还有的时候有的做法几乎是无法理解的。人们可能会为某些行为感到痛苦，但仍然不知道如何是好，这是真实存在的。无论是个人、团体还是社会，当认为自己无能为力时，就很容易放弃，其实在某些情况下，人们对有些事情是可以有所作为的。

第二次世界大战结束以后，松下电器利用库存的所有原材料来维持家用电器的生产，参与重振萎靡的日本经济。可是库存很快就用光了，而且由于政府对钢铁生产的立场模糊，新的原材料供应不足，即使有供应也无法运输，因为没有燃料。

经济形势严峻，战争中被摧毁的东西如此之多，以至于很多人似乎都放弃了，没有工作的动力。松下电器也面临困难，但是事关工厂数万名员工的生计，我没有办法放弃。

面对全国性的经济灾难和士气崩溃，一个人能做的事情很少，但是我不得不尝试！我看到，虽然日本迫切需要振兴工业，但没人有动力为之奋斗，没人让工厂重新运转，问题很严重。令人崩溃的社会和经济环境让每个人都垂头丧气，以至于人们看不到或者不关心自己必须做什么，我非常想改变人们的这种态度。

我在想即使所有人都渴望和平与幸福，为什么我们却这么容易卷入战争和与同胞的冲突中，暴力是人类的本性吗？鸟儿填饱肚子，四处飞翔，享受生活；人类，至高无上的存在，却发动战争，饱受饥饿之苦，死于饥荒。人类应该能够为自己创造更好的生活！

基本上可以断定，问题出在人类自己身上！战争及其所带来的灾难不是自然现象，它们是人类的制造。因此，如果我们想消除人类的痛苦，就必须首先理解"人"。这些想法形成了 PHP 理念的萌芽，朋友们敦促我把这个理念作为组织的行动基础，集体致力于同样的理想。作为一个商人，一个电器厂家，我不知道自己是否有足够的教育背景或知识储备来做到这一点。不管怎么样，我不想浪费时间讨论这个问题，PHP 成了不可抗拒的冲动，驱使我发起了这场运动。

1946 年 11 月 3 日，PHP 研究所成立，汲取专家的智慧，我开始努力探索通往真正的和平、幸福和繁荣社会的最佳路径。

早期的几年绝不是一帆风顺的，随着越来越多的人开始理解并支持这场运动，PHP 研究所快速扩张。如今，PHP 活动范围广泛，包括 *PHP* 月刊（发行量超过 100 万份）、英语和西班牙语期刊、*Voice* 期刊，还有大量书籍，研究所还赞助 PHP 友谊协会会议、PHP 研讨会和许多其他活动，旨在通过繁荣实现和平与幸福的理想。

CHAPTER 10
第 10 章

平衡经营，迈向未来

工会和行政：两个车轮要平衡

工会和管理层是公司的两个车轮，如果一个轮子膨胀得比另一个大，马车就会倾斜，只有两个轮子平衡，马车才能平稳前进。

人们通常认为工会的工作违背管理层的意愿，我认为工会可以增强公司活力，因而对管理层有利，松下工会成立于 1946 年 1 月。日本企业的管理层不喜欢工会，尤其是在第二次世界大战后不久，当时的民主改革导致全国各地出现大量工会，在大多数有工会的行业，企业的工作受到工会要求的阻碍，管理层失去决策权。

大多数公司的总裁都不会参加工会典礼，所以，我出席松下工会典礼是令人惊讶的。我一直想去工会，我觉得我和员工之间有一种强烈的关联，这种感觉是相互的，既然员工们建立了工会，我当然要向他们表示祝贺。

1 月 30 日，仪式在大阪的中岛礼堂举行，我到达的时候礼堂里挤满了大约 4000 名员工。我想表示祝贺，但没有匆忙上台，而是在工会领导人讨论的时候等待。后来，会议主席在致辞时说："松下先生在观众席上，他想发言，我们可以允许他上台吗？"我很震惊，这是一种全新的态度，员工们似乎一夜之间改变了。不管怎么样，他们允许我发言，我在三分钟的演讲中说：

在战争带来严重破坏之后，我们正处于重建日本的关键时期，工会联盟的成立是朝着建立一个新日本迈出的重要一步。这个新日本，坚定地建立在民主原则基础上，我向大家表示衷心的祝贺！

总的来说，我支持工会。通过工会，你们将能够自己决定很多事情，并向管理层提出建议和要求。我衷心欢迎所有有利于国家、大众和工会成员的建议和要求，但是我不会听从也不会赞同那些提出不利建议和要求的人。在这个基础上，我愿意携手工会，继续完成重建日本的任务。

演讲结束的时候，掌声雷动，工会成员似乎已经感觉到，我真诚地告诉他们：我会考虑工会的建议和要求，除非他们的建议和要求太自私。那天晚上，我和出席仪式的相关人士进行了交谈。他告诉我，为了推动工会，他走访了全国各地的很多公司，出席了很多会议，但是从未发现有任何高层管理代表出席。"在松下电器，"他接着说，"我认为总裁亲自表达对工会的支持，并向工会成员真诚祝贺是了不起的。"有机会与我们的工会建立第一次联系，我真的很高兴。

我对工会和工会活动的态度一直保持不变，事实上，松下工会的健康发展是松下电器的力量所在，管理层必须努力塑造一家能够适应从不断壮大的工会中受益的公司。对我来说，工会和管理层是公司的两个车轮，如果一个轮子膨胀得比另一个大，马车就会倾斜，只有两个轮子平衡，马车才能平稳前进。

技术是知识产权，
管理也是知识产权

强大的经营能力有巨大的价值，因为它促进公司发展，给员工带来福利，卓越经营最终会造福整个社会。

给无形资产定价要比给有形资产定价更困难，但是，无形资产十分重要。在商业领域，经营能力是无形资产，很明显，强大的经营能力有巨大的价值，因为它促进公司发展，给员工带来福利，卓越经营最终会造福整个社会。遗憾的是，这一重要的无形资产往往得不到正确的评估。

　　1952 年 10 月，松下电器与荷兰飞利浦公司签订技术合作协议，同年 12 月，我们合资成立了下属公司松下电子，帮助我们在美国和欧洲寻找合适的合作伙伴。

　　在这之前我考虑过几家美国公司，它们都很强大，技术也很先进，但是我觉得在规模等方面与我们不太匹配，无法建立可行的合作关系。然后我去了荷兰，和日本一样，荷兰也是一个小国，飞利浦公司早在 60 多年前就在一位企业家的倡议下成立，目前还在按照创始人设想的路线发展。飞利浦公司和松下电器似乎有很多共同点，我认为飞利浦公司是正确的合作伙伴。不久，我们开始就技术合作协议进行谈判。

谈判的过程中出现了有关知识产权费的问题，飞利浦对于专利费的比率要求远远高于其他公司。飞利浦认为，飞利浦成立的所有合资公司都一定会取得成功，事实上，这确实是大多数其他合资公司做不到的，这证明飞利浦要求的高回报率是合理的。飞利浦的数据显示了 48 个国家的工厂记录，所有工厂都经营得非常好。

在我聆听飞利浦公司案例的时候，对方团队的自信给我留下了深刻印象，我开始在思想上认同更高的知识产权费，但并不完全接受，毕竟飞利浦提出的比率太高。简单的解决办法就是取消谈判，去找一家美国公司，但是我坚信飞利浦是松下电器最合适的合作伙伴，唯一的障碍就是棘手的知识产权费问题。我开始思考解决办法。

在我看来，飞利浦的技术跟其他公司的几乎没有大的不同，主要区别在于飞利浦有足够的信心承担起确保经营成功的责任。换句话说，飞利浦对技术和应用收费。

我开始想办法。如果我的推理是对的，那么支付知识产权费的团队能力也很重要，就跟有好老师和坏老师一样，现实中有优秀的学生也有平庸的学生，飞利浦要求更高比率的知识产权费，是因为管理层认为飞利浦是个好老师，但是在这个讨论中，飞利浦没有考虑学生的能力。

在第二次会议上，我告诉他们："如果飞利浦和松下电器签订了技术合作协议，我向贵方保证，结果将比你迄今为止打过交道的任何其他公司都要好，如果平均水平是 100，松下电器将是 300。现在，松下电器为合资公司提供的管理知识也应该有一个价格，在这种情况下，我建议松下电器向你们支付技术知识的知识产权使用费，而你们向松下电器支付管理知识的知识产权使用费。"

飞利浦的人惊呆了，"这样的费用闻所未闻"，他们争辩道。我详细地阐述了这一点，我说，如果松下电器管理产生的结果更有价值，飞利浦不会损失任何东西；如果合资公司管理不当，飞利浦可能会失去30%的收益，只是考虑到这一点就值得支付这笔费用。我向飞利浦团队保证，我对松下电器的管理完全有信心。"你提供技术，我们为之付费，"我说，"但是要让这项投资得到回报，取决于我们的管理。"最后，飞利浦妥协了，完全按照我的提议签订了技术合作协议。

我很高兴松下电器和飞利浦能够达成公平的交易，因为我真的认为，技术合作应该考虑到接受技术一方的管理能力，良好的管理能力无疑是取得良好经营业绩的重要因素，它也具有重要的价值。我的主要功劳就是让飞利浦相信"管理能力"这一无形资产的价值，他们接受了这一点。

这笔费用让松下电器承担了引导新公司走向正确

方向的重任，飞利浦公司和松下电器都了解新公司的发展情况，飞利浦公司密切关注松下电器在合资经营过程中的表现。事实证明这个安排运作良好，十年之后，两家公司都决定降低技术费用和管理费用的比率。

和飞利浦公司的谈判让我充分认识到管理的潜在价值，松下电器做得很好，飞利浦公司也很满意，我们的合资公司最终超过了所有其他下属公司的业绩。

5 天工作制，
提高劳动生产率

每当我试图找到提高国际竞争力的关键因素时，最终总是回到劳动效率的问题上。

管理的核心是人，没有良好的人员管理，任何运营都无法顺利进行，事实上，"人"才是企业成败的关键。

为了员工的利益，松下电器采用五天工作制。在1960年，五天工作制已经成为美国公司的标配，在日本还是闻所未闻。1月，我决定在不降低收入水平的情况下，在5年后也就是1965年实行5天工作制。

松下电器是日本最早实行缩短工作天数的公司之一。当时，在其他人没有考虑这一点的时候松下电器就启动，主要跟国际竞争有关：我相信日本未来将面临更大的竞争，我们应该做好准备。20世纪60年代初，日本显然必须在两三年后实现贸易自由化，到时候日本企业必须能参与国际市场的竞争，这样才能保持领先地位。

当贸易自由化带来大量外国产品时，家电行业和其他行业一样会受到影响。如果进口产品更好、更便宜，我们就会失去客人，跟其他行业一样，如果我们无法竞争，就会面临破产。

松下电器早就面对其他日本公司的激烈竞争，现在又面临来自国外公司的竞争，为了成功地实现 5 年后每周双休这一目标，必须使松下电器的生产设施完全自动化，提高工厂效率。

每当我试图找到提高国际竞争力的关键因素时，最终总是回到劳动效率的问题上。工厂员工将更加忙碌，办公室人员必须把 3 分钟的商务电话缩短到 1 分钟，文员和工人必须通过接受培训提高工作效率。

一天工作 8 小时之后，员工会筋疲力尽，在没有大量休息的情况下，很难继续工作而且很难把工作做好，最终，员工的健康也会受到影响，没有足够的休息来承受这种强度。这就是为什么我决定让员工每周休息 2 天而不是 1 天，休息 2 天也会让大家有更多的时间进行私人旅行和享受家庭生活。

1960 年，美国的人均生产率是日本的两倍多，美国经济还在稳步增长。只有实现高效率生产，松下电器才能在全球范围内实现有效竞争。1960 年 1 月，在讨论新一年度经营方针的年会上，我概述了我的计划。"5 年以后，我们将每周工作 5 天，"我说，"但是，我们的平均工资水平不会低于竞争对手，事实上，还会更高。"

管理层受到了来自企业界、金融界、公众甚至松下工会的批评，人们纷纷指责我们不负责任，众人根本无法理解这个看似昂贵而且任性的计划会如何造福日本人民。但是我坚持下来了，4 年后，离计划生效只有 1 年的时间，工会开始理解这个想法，并同意朝这个方向努力，也就是说，松下电器的员工花了 4 年时间才接受每周双休的安排。

这样，我们实际上只有 1 年的时间做准备，我有点不安。尽管如此，1965 年 4 月，松下电器开始实施 5 天工作制，我也花了很长时间才习惯，但是很满意，尤其是当我看到其他公司纷纷效仿的时候。

躬身自省，营销改革

松下电器和批发商之间做生意已经很长时间了，他们给予了长期的信任，也许松下电器被批发商的信任宠坏了，认为这是理所当然的，也许我们的傲慢就是这场麻烦的根源。

我们很容易将失败归咎于别人，我们很容易批评别人的错误，我们太随意地为自己开脱，对自己的责任不屑一顾。当一个错误发生的时候，可能是其他人应该为错误负责，但是我们并不能确定。我们可能会发现部分错误是由自己造成的，我们必须承担部分责任。因此，每当错误发生，在责怪他人之前应该回顾事情的各个方面，包括间接影响，这才是公平的。

1964 年发生的一件事我一直难忘，那是一次重要的会议，我们称之为"热海会谈"，我们邀请了 170家销售和批发公司的老板到东京西南部的温泉度假胜地热海，讨论公司的管理改革。

会议很迫切，因为那年的严重衰退削弱了全国经济，甚至一些大的企业也陷入了严重的财务困境，破产事件频频发生，令人不安。电器行业和其他行业一样受到压力，一些头部公司正面临巨额亏损。在这样的大形势下，需要召开这样一次会议，让大家交换意见，寻求弥补损失的办法。

客人们先发言，许多人抱怨巨额亏损，并将他们的财务困境归咎于松下电器的领导不力。"我从父亲那里继承了这项业务，"一位公司总裁说，"但是最近我一直处于亏损，松下电器打算怎么做？"

在所有出席的公司当中，只有大约 20 家盈利，其余的业绩都很糟糕。批发商们认为松下电器应该为此负责，他们在发出的一连串抱怨中明确表示了这一点。

第一天结束了，第二天继续以同样的方式抱怨——与松下电器关系密切的公司做得都不太好。松下电器分析批发商们的情况，回避他们的指控："你的损失是你的责任，不是我们的，你真正想要的是从这一切中得到松下电器的帮助，不是吗？"随着双方的怒火爆发，争论变得更加激烈，讨论变得充满敌意。

在第二天接近尾声的时候，想到会议将以这样一个分裂的状态结束，真是令人沮丧。我在想，通过一场争吵，我们到底能得到什么，批发商坚持要求松下电器承担所有责任，松下电器又认为糟糕的业绩表现是他们自己的错，双方都不肯让步。

在更仔细地思考他们的不满和我们的控诉时，我突然想到：尽管各个批发商的管理层应该对自己的经营结果负责，但是这也许只是问题的一部分。我开始意识到批发商对松下电器的抱怨是有道理的，也许我们在客户公司的业务规划和管理上粗心大意，给他们带来了沉重的打击。如果是这样，部分的责任或者说更大的责任真的在我们身上，必须改善的一方是松下电器。松下电器和批发商之间做生意已经很长时间了，他们给予了长期的信任，也许松下电器被批发商的信任宠坏了，认为这是理所当然的，也许我们的傲慢就是这场麻烦的根源。

我意识到，松下电器需要提醒自己创业最初的目标。在早期，每当生产一种新产品时，我们都会把它交给批发商，获得他们的反馈，如果批发商认可新产品，公司就会把它卖给批发商，很高兴他们会经销新产品。后来，我们开始忽视批发商的参与和想法，虽然有的时候我认为批发商对销售某些产品缺乏热情，就算是这种想法也是错误的：产品卖不出去，一定是我们的错而不是批发商的错。我想得越多，就越确信松下电器对批发商的各种问题负主要责任。我在会上发言时告诉所有人：

松下电器能有今天的成就，是因为有在座各位和你们的父母、祖父母的帮助，我断言大家没有经营好自己的公司是草率的，是我犯的一个严重错误。由于松下电器对在座各位的情况没有给予足够的关注和照顾，大家现在承受着巨大的损失，从今天起，松下电器将对销售政策进行根本性的变革，我们将确保大家的公司能够安全经营，我们将尽一切努力稳定我们的行业。

接着，我回忆了松下电器早期销售炮弹型电池式自行车灯的尝试，当时我们给这些灯定了一个最高的价格，敦促批发商按这个价格出售，以帮助公司发展。令人高兴的是这一产品得到大家的支持，松下电器能够继续生产其他高质量的产品。我接着说，如果没有批发商的支持和资助，松下电器就不可能如此迅速和顺利地发展。

回忆过去，想起公司和批发商们一起付出的巨大努力，我突然非常激动，停下来擦了擦眼泪，会场的一些人也禁不住落泪，一位公司老板站起来说："我们公司和松下电器之间的关系不仅仅是生意上的，我们之间的根源深厚得多。我们一直在反复谈论松下电器的责任，这也不完全公平，我们自己绝不是无可挑剔的。"

经过两天的激烈辩论，会议以一句温馨的话结束。双方都记得我们长期的交往，以承诺共同努力取代了互相指责，我们制定了一系列全新的销售政策，以极大的热情开始执行。结果是令人满意的：松下电器的销售公司、批发商和零售店的业务开始复苏。

甄选新总裁，培养下一代

我认为下一任公司总裁应该是一个有创新精神的人，能够将自己的想法转化为行动，还要足够年轻，能够在未来至少 10 年内朝着自己的目标努力。

现代人往往沉迷于当下，看不清前方，我们往往不了解社会潮流的大致轮廓，容易错过生活中的巨大变化。然而，在某种程度上，为了让社会继续运转，我们必须能够在面对现在的同时展望未来。

1977 年 1 月，当时最年轻的董事之一山下俊彦就任松下电器总裁，这一任命象征着我们对 21 世纪的展望。多年来，我的思考越来越多地转向日本的未来，转向世界，我试图用直觉而不是通过分析来设想社会将要发生的变化，尝试描绘人类在下个世纪生活的样子。

总的来说，随着历史的发展，繁荣会从地球的一个区域转移到另一个区域。在 21 世纪，我相信繁荣的中心将在东亚，而不是中东或欧洲。如果我是对的，那么日本应该为新的繁荣做准备，一项重要的任务就是为我们的社会做好准备，迎接一个人人平等分享繁荣的时代。日本人面临着一个挑战，我希望松下电器能以充沛的精力和乐观的态度帮助人们面对挑战。

松下电器应该怎么做或者说应该做些什么来帮助这个国家为新时代做好准备？对我们来说，这是一个非常严肃的问题。为了回答这个问题，让我们看看今天的松下电器。1978 年，松下电器成立 60 周年了。在日本，一个人的 60 岁生日被称为"还历"，也就是回到起点。依照古代传统，这意味着一个人已经经历了一个 60 年的完整周期，回到了自己出生的那一年。换句话说，1978 年松下电器象征性地重生了，它的商业生涯可以重新开始。

松下电器要坚定地迈向下一个世纪，就必须回归最初的宗旨，寻求面向新时代的新方向，必须更新我们的心灵和思想，让所有人了解松下电器迎接繁荣的方式。

当我正忙着思考的时候，碰巧我们的董事长因为健康原因不得不辞职，总裁接任了他的职务，总裁职位空缺，要从四位非常称职的副总裁中选出一位来担任新的总裁。

我感觉到公司现在需要一些不同的东西，想在那个职位上看到一个真正出色的人。但是，松下电器需要什么样的人来帮助日本进入下个世纪？我们应该如何着手帮助日本为繁荣时代做好准备？首先，我认为下一任公司总裁应该是一个有创新精神的人，能够将自己的想法转化为行动，还要足够年轻，能够在未来至少 10 年内朝着自己的目标努力。对于这个想法，即将离任的董事长和总裁都同意了。

新总裁的甄选标准无视资历被认为有些不同寻常，我知道这一定令人惊讶，但是，旧的甄选方法显然过时了，我们将进入一个全新的、急剧变化的时代，松下电器应该在这个时代起带头作用。因此，导入一种全新的甄选制度是恰当的，这种制度要允许考虑更多的合格人选，我们同意，新总裁可以来自高级甚至初级管理人员。

　　因此，对山下俊彦 1977 年的任命代表了松下历史上的全新一页，它承载着决策层的希望。新总裁将带领松下电器走向下一个世纪，帮助日本为新时代做好准备。

关心国家的未来

未来属于我们，人们必须有远见，在下一个世纪尽可能建立积极的环境，现在必须开始朝着这个未来前进。

只见树木不见森林，在生活中忙于日常琐事的时候，就会错过很多摆在我们面前的重要事情，从而在毫无意义的行动上浪费宝贵的时间。是的，生活远远不止于日常事务，下个月、下一年、未来数年，我们还会活着。

　　未来的生活会是什么样子？它会比今天更好还是更糟？没人知道，每个人都希望有更美好的未来，可是只抱有希望是不够的，我们必须行动，但是要怎么行动呢？

　　1978 年 9 月，松下政经塾成立，旨在培养 21 世纪的领导者。开幕式上举行了新闻发布会，报纸和杂志的报道既有赞扬也有批评，新闻传媒界对这所私塾的突然出现显得毫无准备。

　　开办这样一所私塾是出于我对日本和世界未来的担忧，也是因为我相信：我们需要培养有能力的人来塑造未来，不能对今天的生活感到乐观。让人们具备使世界变得更美好的想法和能力，是我对松下政经塾的期望。

从创立 PHP 研究所促进"通过繁荣实现和平与幸福"以来已将近 40 年，PHP 诞生在第二次世界大战刚结束的时候，日本作为战争的发动者，经济也受到重创，政府本应该采取行动，为国家塑造一个美好的未来，但是当时过于专注眼前。我觉得自己为国家做得太少，这让我很沮丧，所以决定自己要努力，我确信有些事情是可以做的，必须有人采取实际行动，于是创办了 PHP 研究所。

国外的慷慨支持和日本人民的勤奋，帮助日本在第二次世界大战后快速复苏，我们取得了物质上的富裕，但在很多方面，我们的精神力量已经退化。年轻群体的犯罪事件正在增加，人们似乎忘记了该如何在大众场合表现得体，完全沉浸于追求个人利益中，并认为这是理所当然的，社会正遭受着错位的价值观带来的混乱和暴力。

看待这些问题有很多维度，但是大多数人只关心现在：他们已经失去了对未来的憧憬。如果有更多的人能够坚持美好的愿景，并为实现它真诚地努力，社会就会恢复平衡，工作会更有效率，会更加卓有成效，我们的生活也会更有价值。

　　我对未来有一个美好的愿景：个人和团体为追求更有价值的生活而奋斗。这并不意味着把自己束缚在工作当中，也不意味着要严格控制自己的思维，相反，这意味着每个人都应该尽可能充分、自由和有创造性地发挥自己的优点。未来属于我们，人们必须有远见，在下一个世纪尽可能建立积极的环境，现在必须开始朝着这个未来前进。

　　松下政经塾诞生于我对日本光明未来的愿景，虽然结果尚不清楚，但是我相信，只要有能干的领导人，我们就会有一个光明的明天。